JN121032

職長の能力向上 教育 テキスト

製造業における職長等に対する能力向上教育に準じた教育用

安全
健康
快適

職場
環境

マネジ
メント
システム

リーダー
シップ

関係
法令

コミュニ
ケーション

災害
動向

KYT

リスク
アセス
メント

4S

中央労働災害防止協会

はじめに

　職長は、職場において労働者（作業者）を直接指導・監督する人であり、現場の日々の状態を最もよく知り得る立場にあります。また、作業者と管理者の間に位置して、それぞれに対する情報の伝達役でもあり、現場の安全衛生の「要の役」に当たります。このことから、労働安全衛生法第60条では、一定の業種の新任の職長に対して、安全衛生についての教育を行うことを義務付けています。

　また、労働安全衛生法第19条の2で規定する「能力向上教育」は、安全管理者、衛生管理者、作業主任者等が従事する安全衛生業務に関する能力向上を図るもので、職長に対しても、初任時の教育に加え、これに準じた教育（以下、「職長の能力向上教育」）を行うこととされています（平成3年1月21日基発第39号）。職長の能力向上教育は、職長に求められる3つの役割（①先取りの安全衛生管理、②情報管理（上司と部下とのパイプ役）、③部下の育成）をレベルアップさせ、事業場における安全衛生水準を向上させていくために必要です。

　本書はこの職長の能力向上教育用のテキストとして、厚生労働省通達（令和2年3月31日基発0331第7号「製造業における職長等に対する能力向上教育に準じた教育について」）で定められたカリキュラムに沿って作成されたものです。

　今回の改訂では、職長教育の対象となる業種が拡大されたことなど最近の法令改正や安全衛生管理・活動の動向に対応して記載事項の見直しを行い、内容の一層の充実を図りました。

　本書が幅広く活用され、事業場の安全衛生水準の一層の向上に役立つことを願っています。

　令和6年7月

中央労働災害防止協会

「職長の能力向上教育テキスト」編集委員会　委員名簿

カリキュラムおよび教育のすすめ方について

　製造業における「職長の能力向上教育」のカリキュラムは、次ページのように、「講義」としては、職長の役割をレベルアップしていくために不可欠となる安全衛生教育を「基本項目（必須）」（120分以上）とするとともに、企業ニーズに応じたレベルアップのための専門の安全衛生教育を「専門項目（選択）」（必要な時間）としたうえで、講義に加え、「グループ演習」（120分以上）を組み合わせて、360分以上で実施することとされています。

　職長の能力向上教育を実施するにあたっては、教育実施者（事業者または安全衛生団体、事業者団体等）は、教育目標とするテーマを決めた上で、具体的な教育内容や教育時間等を盛り込んだ、能力向上教育の「実行カリキュラム」を策定して、教育を実施してください。

【本テキストの活用にあたって】

　本テキストは、第1編（講義）と第2編（グループ演習）からなっています。

　第1編の講義部分は、第1部と第2部に分かれています。第1部は、能力向上教育のカリキュラムの「基本項目（必須）」に対応しており、各章の全体について教育していただく必要があります。第2部は、教育カリキュラムの「専門項目（選択）」に対応しており、必要に応じ、選択した内容を教育してください（選択の単位は、「章」単位でなく、「節」（章のひとつ下の階層）単位でもお使いいただける構成となっています）。

　また、第2編のグループ演習部分は、第1編において教育を行った内容に関連する1以上の章を選択して教育にお使いください。

※　職長が安全衛生責任者を兼ねる場合は、第1部の各章に加え、「巻末資料」に収録の「付録　安全衛生責任者の役割と職務」を必須の内容（30分）として教育してください。

製造業における職長等に対する能力向上教育に準じた教育　実行カリキュラムの要件
（令和2年3月31日付け基発0331第7号）

科　目	範　囲	時　間	本書対応箇所および頁
職長等として行うべき労働災害防止及び労働者に対する指導又は監督の方法に関すること	1　基本項目（必須） （1）職長等の役割と職務 （2）製造業における労働災害の動向 （3）「リスク」の基本的考え方を踏まえた職長等として行うべき労働災害防止活動 （4）危険性又は有害性等の調査及びその結果に基づき講ずる措置 （5）異常時等における措置 （6）部下に対する指導力の向上（リーダーシップなど） （7）関係法令に係る改正の動向	120分以上	第1編第1部（15頁）
	2　専門項目（選択） （1）事業場における安全衛生活動 （2）労働安全衛生マネジメントシステムの仕組み （3）部下に対する指導力の向上（コーチング、確認会話など）	必要な時間	第1編第2部（99頁）
グループ演習	以下のうち1以上について実施すること。 ・　職長等の職務を行うに当たっての課題 ・　事業場における安全衛生活動（危険予知訓練など） ・　危険性又は有害性等の調査及びその結果に基づき講ずる措置 ・　部下に対する指導力の向上（リーダーシップ、確認会話など）	120分以上	第2編（157頁）
合　計		360分以上	

目次

第1編	職長等として行うべき労働災害防止及び 労働者に対する指導又は監督の方法に関すること

第2編	グループ演習

巻末資料

表紙デザイン：まつしまデザインブース
イラスト　　：まつしまデザインブース
　　　　　　　嘉戸　享二
　　　　　　　株式会社経営技術研究所
　　　　　　　スタートライン
　　　　　　　パーミースタジオ

第1編

職長等として行うべき労働災害防止及び労働者に対する指導又は監督の方法に関すること

第1部
職長等の役割を踏まえた
レベルアップのための重点項目

必須

能力向上教育のカリキュラムにおいて、学科教育は「基本項目（必須）」と「専門項目（選択）」に分けられています。

「基本項目（必須）」では、職長等の役割を踏まえたレベルアップのため、以下の項目について教育を行うこととされています。

---

1. 職長等の役割と職務
2. 製造業における労働災害の動向
3. 「リスク」の基本的考え方を踏まえた職長等として行うべき労働災害防止活動
4. 危険性又は有害性等の調査及びその結果に基づき講ずる措置
5. 異常時等における措置
6. 部下に対する指導力の向上（リーダーシップなど）
7. 関係法令に係る改正の動向

本テキストの第1編第1部の各章は、これらの必須の教育項目に対応しています。
第1編第1部の全章について学習してください。

職長等の役割と職務

●この章のポイント●

　職長就任後、一定期間の監督実務経験等を踏まえ、製造業の職長としての役割をより一層果たすことができるよう、改めて次の事項について体系的に学ぶ。
　　1　職長とは（初任時職長教育の復習）
　　2　職長の位置づけと役割（生産現場の要としての役割の理解を深める）
　　3　職長の安全衛生職務（生産業務と関連づけて職務の理解を深める）
　　4　職長の法的責任（事業者責任の一端を担うことの再認識）
　　5　職長教育の教育事項（初任時職長教育の復習）
　　6　職長能力向上教育の教育事項（概要を理解）

1 職長とは

　職長とは、労働安全衛生法第 60 条に規定される「作業中の労働者を直接指導・監督する者」をいう。したがって、事業場によって、監督、班長、リーダー、作業長等、さまざまな役職名称で呼ばれている第一線の監督者の総称が職長である。

　なお、労働安全衛生法施行令第 19 条に規定する製造業等の一定の業種においては、新たに職務につくこととなった職長に対して、「職長教育」の実施が義務付けられている（**表 1-1**）。（製造業の中分類・小分類の業種は、「巻末資料」の**参考別表 -1** を参照。）

表 1-1　職長教育対象の 6 業種

労働安全衛生法施行令第 19 条
①　建設業
②　製造業。ただし、次に掲げるものを除く。
（ア）たばこ製造業
（イ）繊維工業（紡績業及び染色整理業を除く。）
（ウ）衣服その他の繊維製品製造業
（エ）紙加工品製造業（セロハン製造業を除く。）
③　電気業
④　ガス業
⑤　自動車整備業
⑥　機械修理業

令和5年4月からは、化学物質の自律的な管理が求められることになり、近年の化学物質による労働災害発生状況などから、それまで対象でなかった「食料品製造業」、「新聞業、出版業、製本業および印刷物加工業」も対象となった。

2　職長の位置づけと役割

（1）ライン組織における職長の位置づけ

　事業場において生産業務を推進する役割は、ライン組織を構成する事業者（経営者）を頂点とした各階層の役割として定められている。この役割は、事業場の管理規程等によって個別に設定すべきものであるが、一般的には、**図 1-1** に示すように、事業者、管理者、職長、一般作業者で構成する階層別の役割として職務・権限・責任等が明確にされている。

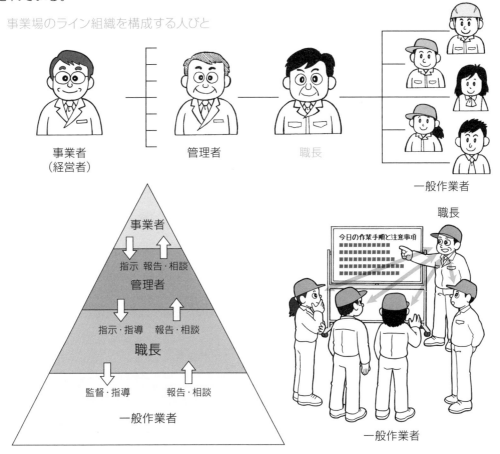

図 1-1　ライン組織における職長の位置づけ

したがって、職長は、生産現場における日々の生産業務（22ページ参照）において、事業者より委譲された権限に基づいて部下の一般作業者を指導・監督して、生産計画を完遂させる実行責任者（キーパーソンまたは要の役）として位置づけられている。

（2）生産現場における職長の総合的な役割

職長の役割は、日常の生産業務の実行責任者が基本的な役割（**図1-2**）であるが、生産業務の6つの管理要素（**図1-3**）に関しても生産業務とは一体のものであり、上司の管理者から技術的な指導と支援を受けて、担当作業範囲の管理責任者としての役割を担うことになる。

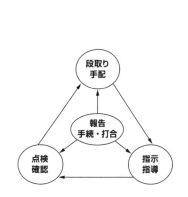

図1-2　生産業務の監督サイクル

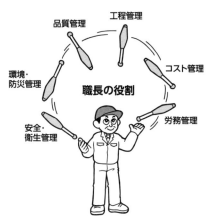

図1-3　生産現場における職長の6つの役割

表1-2　組織における職長の役割と機能

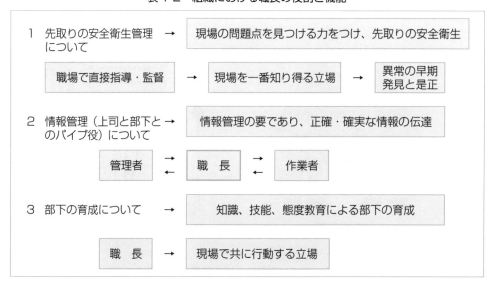

　このような職長の総合的な役割より、作業者の安全と健康の確保に関して職長に期待される役割を整理すると、労働災害を予防するための「先取りの安全衛生管理」が中核的な役割であり、この「先取りの安全衛生管理」を効果的に実践するために必要な「情報管理（上司と部下とのパイプ役）」および「部下の育成」をあわせた3点に集約される（**表1-2**）。

① 先取りの安全衛生管理
　職長は、生産現場の状況を知り尽くしていることから、「職場の不安全状態（職場の異常）を、リスクアセスメント、危険予知（KY）活動、定期点検等により、早期に発見して、労働災害の要因を排除すること」、「部下の不安全行動を撲滅していくために、安全を確保するための作業ルールを定めて、部下に対して、繰り返し教育訓練を行って、正しい理解を促した上で、作業ルールの順守状況を定期的に確認して、確実な順守を確保すること」等の取組みにより、先取りの安全衛生管理を行っていくことが最も重要な役割として期待されている。

② 情報管理（上司と部下とのパイプ役）
　職長は、部下の管理と職場の運営を行う立場にあり、上司（管理者等）の指示を部下（作業者等）に分かりやすく伝えること、部下の情報を上司に伝えること等の、安全衛生管理に関するさまざまな情報の整理をする役割が期待されている。
　このため、職長が安全衛生管理の情報を正確に、かつ迅速に処理しなければ、安全衛生管理の正確性や確実性等が損なわれることになるため、職場の安全衛生水準は、職長の連絡調整の力量に左右されることになる。

③ 部下の育成
　職長は、生産現場において、部下を直接指導・監督することから、常に部下と行動

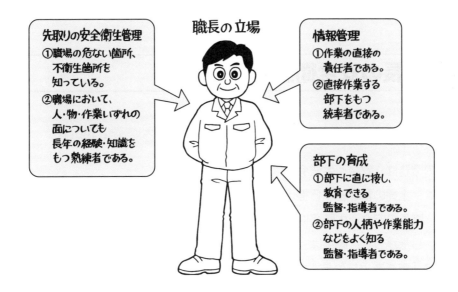

を共にする立場にある。

　このため、職長は、「部下に対して作業に必要な知識、技能、態度について、直接、繰り返し教育・指導を行って、職務遂行能力を高めること」、「事業者の安全理念の部下への浸透を促して、一人ひとりの安全意識と職務規律を高めて、安全行動を自然に行うことができ、他の作業者の安全を思いやることができる作業者を育てること」等の部下の育成の役割が期待されている。

（3）事業者が職長に期待する役割の実際

　2019年に中央労働災害防止協会が実施した、製造業に対するアンケート調査では、職長への期待度の高い役割は、**表1-3**のような結果となっている。

　「職長に期待する役割」として、アンケート回答者の70%と最も多かったものが、「機械・設備や作業に潜む危険の芽を摘む先取りの安全衛生の推進者」であり、リスクアセスメントや危険予知活動の推進者として「先取りの安全衛生管理」の役割への期待が大きいことがアンケート結果からもいえる。

表1-3　2019年製造業に対するアンケート調査結果より

複数回答、（　）内は大規模事業場（従業員300人以上）と中小規模事業場（従業員300人未満）とのポイント差）
① 「機械・設備や作業に潜む危険の芽を摘む先取りの安全衛生の推進者」70%（0.5）
② 「生産現場における管理者と作業員とのパイプ役」64%（11.5）
③ 「職場の円滑な人間関係づくりの推進者」62%（9.6）
④ 「現場の作業員を巻き込んだ安全衛生の小集団活動の推進者」57%（19.5）
⑤ 「事業場トップの安全衛生方針を現場で実践するリーダー」54%（5.3）
役割②③④では特に大規模事業場での期待が高い。

3　職長の安全衛生職務

（1）管理者の安全衛生職務と職長の安全衛生職務の関係

　職長の職務は、安全衛生法令では規定されていない。

　職長は、上司の管理者から指示を受け、部下を指導・監督して担当作業を遂行することから、職長の安全衛生職務は、担当作業に直接関連する安全衛生管理を実施することである。したがって、職長は、上司の管理者（安全管理者または衛生管理者）が、法令に基づき「事業者より付与される権限の具体的な措置（**表1-4**）」の中から安全衛生管

理規程等で職長に役割分担された具体的な措置についての実行責任者となる。

　そして、職長は、役割分担された具体的な措置、すなわち「職長の安全衛生職務」について、上司の管理者より技術的支援や指導を受けながら、生産現場での実行責任者として部下と共に実践することになる。

　職長と安全管理者の関係、職長と作業者の関係については、**図1-4**「生産現場における職長の職務（具体例）」（次ページ）を参照。

表1-4　安全管理者・衛生管理者が事業者より付与される権限の具体的な措置

安全管理者が付与される権限の具体的措置（昭和47年9月18日　基発第601号の1、一部改変）
① 建設物、設備、作業場所または作業方法に危険がある場合における応急措置または適当な防止の措置（設備新設時、新生産方式採用時等における安全面からの検討を含む。）
② 安全装置、保護具その他危険防止のための設備・器具の定期的点検および整備
③ 作業の安全についての教育および訓練
④ 発生した災害原因の調査および対策の検討
⑤ 消防および避難の訓練
⑥ 作業主任者その他安全に関する補助者の監督
⑦ 安全に関する資料の作成、収集および重要事項の記録
⑧ その事業の労働者が行う作業が他の事業の労働者が行う作業と同一の場所において行われる場合における安全に関し必要な措置

衛生管理者が付与される権限の具体的措置（昭和47年9月18日　基発第601号の1、一部改変）
① 健康に異常のある者の発見および処置
② 作業環境の衛生上の調査
③ 作業条件、施設等の衛生上の改善
④ 労働衛生保護具、救急用具等の点検および整備
⑤ 衛生教育、健康相談その他労働者の健康保持に必要な事項
⑥ 労働者の負傷および疾病、それによる死亡、欠勤および移動に関する統計の作成
⑦ その事業の労働者が行う作業が他の事業の労働者が行う作業と同一の場所において行われる場合における衛生に関し必要な措置
⑧ その他衛生日誌の記載等職務上の記録の整備等

　なお、これらの事項は昭和47年に示されたもので、その後の労働安全衛生法の改正によって、次の事項が総括安全衛生管理者の職務として追加されているので、安全管理者・衛生管理者の職務には、これらに関する事項も含まれることになる。
① 安全衛生に関する方針の表明に関すること。
② 労働安全衛生法第28条の2第1項または第57条の3第1項および第2項の危険性又は有害性等の調査およびその結果に基づき講ずる措置に関すること。
③ 安全衛生に関する計画の作成、実施、評価および改善に関すること。

（注1）安全管理者・衛生管理者の職務を分掌する部課単位の責任者。職長の職務については、管理者が担当する安全衛生管理の職務のうち、職長が担当する職場についてはゆだねるなど、その職務の一部を職長が分掌することによって、定めることが必要である。

（注2）「職長」の職務は、「監督者」の「生産作業の指揮・監督の職務」を中核とするが、労働災害防止の観点からは、生産管理に安全衛生管理を溶け込ませまて一体のものとして実施することが効果的であることから、管理者の担当する安全衛生職務の一部を分掌して、「安全衛生職務」も併せて担当することが望ましい。
なお、造船業においては、「職長」が、安全衛生責任者を兼務して、作業間の連絡調整等の業務を行う場合がある。また、その他の製造業においても、「職長」が、連絡調整責任者の職務を兼務する場合がある。

図 1-4 生産現場における職長の職務（具体例）

（2）職長の具体的な安全衛生職務

　職長の安全衛生職務は、事業場の安全衛生管理規程等によって役割階層別に具体的な職務内容が定められるが、事業場の規模や組織体制によって役割分担が異なるために、その内容は一律ではないのが実態である。したがって、職長として「自分が実施すべき具体的な安全衛生職務は何か？」を確認したい場合は、事業場の安全衛生管理規程等[※]により知ることができる。

※　安全衛生管理規程等がない事業場、あるいは職長を含む階層別の安全衛生職務の分担を明確に定めていない事業場では、早急に規程を作成し、あるいは規程内容を見直して、安全衛生管理の欠落がないようにする必要がある。

　職長の主要な安全衛生職務を具体化すると**表 1-5** のように整理できる。
　なお、これらの職務のうち大半のものは、職長が日々の「生産作業の計画・進捗管理の職務」と「生産作業の指揮・監督の職務」に溶け込ませて、職長が職場で実践すべき職務である。

表 1-5　職長の主要な安全衛生職務

①　職場安全衛生実行計画の立案・推進
②　職場安全衛生会議の開催
③　作業標準となる安全作業手順書等の整備
④　職場における安全指導・教育訓練
⑤　作業者の適正配置と安全指示
⑥　作業者の健康管理と早期措置
⑦　作業設備・作業環境等の維持管理
⑧　作業設備・環境や作業方法の改善
⑨　異常・災害発生時の緊急措置
⑩　異常・災害原因調査への情報提供と
　　再発防止対策検討に参画
⑪　リスクアセスメントへの情報提供と参画
⑫　部下の災害防止への関心の保持への取り組み（日常的な職場活動の推進・指導）
　　　　◇危険予知活動
　　　　◇ヒヤリ・ハット活動
　　　　◇相互声かけ活動
　　　　◇改善提案活動
　　　　◇ 4S 活動　等
⑬　混在作業時の連絡調整
　　　　◇総合的な安全衛生管理体制（総安体制）下での混在作業では、「連絡調整責任者」としての職務を果たす場合がある。
　　　　◇造船業における統括安全衛生管理体制（統括体制）下での混在作業では、「安全衛生責任者」を兼務して、その職務を果たす場合がある。

4 職長の法的責任

労働安全衛生法（以下「安衛法」という。）では、ほとんどの条項を「事業者は、○○を○○しなければならない」と規定している。**図 1-5** は、労働災害が発生した場合に事業者が負う 4 つの大きな責任を示したもので、広い意味での事業者責任を意味している。

職長は、生産現場の第一線の責任者として、事業者から生産業務の実行に関する権限と責任を委譲されているため、事業場の安全衛生管理規程等に法令に基づいて定められた役割や職務について間違いなく遂行する義務と責任がある。したがって、職長は、担当業務の遂行過程において、「労災隠し」などに代表される法令違反をしたときは、その行為者として法的責任が伴ってくることを忘れてはならない。

また、安衛法には、「事業者は～するよう努めなければならない。」という努力義務としての規定がある。努力義務については、実施していない場合、法的な責任を問われることはないが、民事上の安全配慮義務については義務違反として、損害賠償の責任対象となる可能性が高く、職長もその責任を問われる場合があるので留意する必要がある。

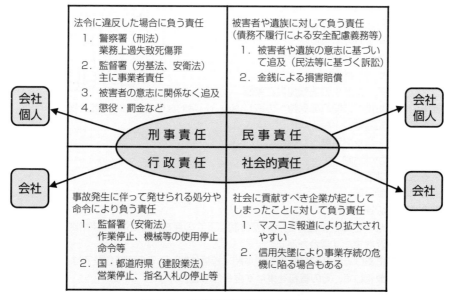

図 1-5　労働災害に伴う四大責任

5 職長教育の教育事項

（1）初任時の職長教育事項

　政令で定める 6 業種について「職長」に対する就任時の安全衛生教育（「職長教育」）の実施が安衛法第 60 条に規定されており、労働安全衛生規則（以下「安衛則」という。）第 40 条には職長等の教育事項が定められている（**表 1-6**）。

表 1-6　職長等の教育事項

「作業方法の決定及び労働者の配置に関すること」
　　① 作業手順の定め方
　　② 労働者の適正な配置の方法
「労働者に対する指導又は監督の方法に関すること」
　　① 指導及び教育の方法
　　② 作業中における監督及び指示の方法
「危険性又は有害性等の調査及びその結果に基づき講ずる措置に関すること」
　　① 危険性又は有害性等の調査の方法
　　② 危険性又は有害性等の調査の結果に基づき講ずる措置
　　③ 設備、作業等の具体的な改善の方法
「異常時等における措置に関すること」
　　① 異常時における措置
　　② 災害発生時における措置
「その他現場監督者として行うべき労働災害防止活動に関すること」
　　① 作業に係る設備及び作業場所の保守管理の方法
　　② 労働災害防止についての関心の保持及び労働者の創意工夫を引き出す方法

【補足】一の場所における混在作業調整について
　製造業の一業種である造船業は、建設業とともに、特定事業として、2 以上の事業者が混在する場合は、統括安全衛生管理が必要であり、安衛法第 30 条第 1 項に「特定元方事業者の講ずべき措置」として規定する、一の場所における混在作業による労働災害を防止するため、「作業間の連絡および調整」を行わなければならない。
　この際、作業現場で働く 1 日当たりの作業者数が一定規模以上の作業場では、特定元方事業者は、「統括安全衛生責任者」を選任し、関係請負人は、安全衛生責任者（安衛法第 16 条）を選任して、作業間の連絡調整等を行わせる必要がある。
　造船業以外の製造業は、特定事業には該当しないが、2 以上の事業者が混在する場合は、総合的な安全衛生管理が必要であり、安衛法第 30 条の 2 に「元方事業者の講ずべき措置」として規定する、一の場所における混在作業による労働災害を防止するため、「作業間の連絡および調整」を行わなければならない。この場合の作業間の連絡調整は、元方事業者が「連絡調整等を統括管理する者」となり、関係請負人は、それぞれ「連絡調整責任者」を選任して調整にあたる。なお、「職長」が、この「連絡調整責任者」を兼務する場合がある。

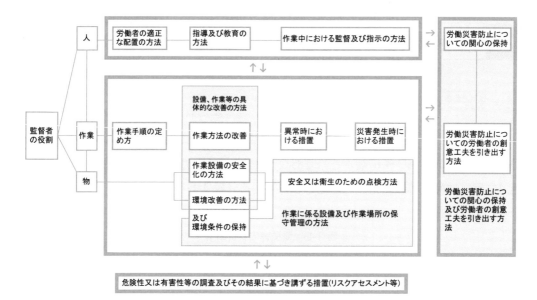

図 1-6　職長教育の教育事項

　皆さんが受講した職長教育の教育事項を「人」、「物」および「作業」などで分かりやすく整理すると、**図 1-6** のようにまとめることができる。

　なお、図中のリスクアセスメントについては、主に設備等の「物」と「作業」を対象に行い、リスクの低減は人に頼らない措置をとることが基本となるが、「危険性又は有害性等の調査等に関する指針」では、リスクアセスメントの実施に際しては、疲労を伴う作業や夜間勤務などでは「人」についても配慮することが望ましいとされている。

　また、これらの教育で習得して欲しかったことは、職場のキーパーソンとして、職長の役割である「先取りの安全衛生管理、情報管理（上司と部下とのパイプ役）、部下の育成」を実践するために必要な能力であった。具体的には、次の２つである。

① 　職場に存在する「人、物、作業」および「管理」上の具体的問題点を、早期に見つけ解決する「固有技術力の向上」
② 　職場のチーム全員で「効率的」・「計画的」・「継続的」に、改善活動を推進していく「リーダーシップ能力の向上」

(2) 問題点を早期に見つけ解決する固有技術力の向上

　職場の問題点を考えるに当たり、仕事の構成要素を考えてみる。仕事は3つの要素「人、物、作業」と「管理」から成り立っている（**図1-7**）。

　「人」は作業者、「物」は原材料、道工具、設備、機械および職場の環境、「作業」は作業手順や作業方法である。

　仕事は、職場環境条件のもとで設備、原材料等を使い、定められた作業手順・作業方法に基づいて作業者が働くことにより進められている。

　そして、「管理」への取組みでは、「人」、「物」、「作業」の問題を早期に発見し、早期に解決することによって、良い仕事の条件である「安全・衛生、環境・防災、品質、能率、コスト」のすべての管理指標が達成される。

　しかし、現実には、「人、物、作業、管理」のトラブルによって、安全・衛生、環境・防災、品質、能率、コストのいずれかに不適合が発生し、生産計画が未達成となってしまう場合がある。

　職長は、職場のキーパーソンとして良い仕事ができるように、仕事を構成している「3要素と管理」について、職場の「不安全状態」や作業者の「不安全行動」を見逃さず、問題（異常）を早期に発見し、解決を図る技術力を駆使して、常に正常な状態のもとに仕事（生産業務）を進めることが期待されている。

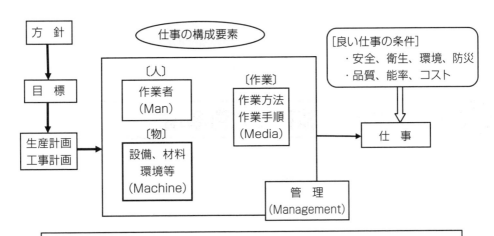

図1-7　仕事の構成要素（4M）

（3）リーダーシップ能力の向上

　生産現場には、常に多くの問題が存在している。職長には、職場に発生する一つひと
つの具体的な問題を解決すると同時に、数多く存在する職場の問題を抽出し、計画的、
効果的、継続的に改善することが求められる。

　生産現場の問題解決は、職長の重要な業務ではあるが、職長が一人で多様な問題を解
決することは困難であり、問題の難易度により、管理者や技術員の支援を求め、部下と
ともに全員参加で解決することが必要となる。

　したがって、監督者として一定の経験を積んだ職長は、職場のキーパーソン（要）と
して「いかに部下を動機づけるか」、「いかに部下を動かすか」等、更なるリーダーシッ
プ能力の向上が望まれる。

6　職長能力向上教育の教育事項

（1）職長能力向上教育の目標

　職長に期待される役割と職務を的確に果たしていくために必要な重点項目の教育を行
うことにより、以下のような職長に求められる能力のレベルアップを目標とする。

①　生産管理の中に安全衛生管理を溶け込ませて一体のものとして、部下の作業者に
　　対する指導・監督を行うことにより、作業者の安全と健康を確保できる職長となる。

②　職場の安全衛生の推進責任者として、必要な能力を身につけることにより、職場
　　の安全衛生管理を的確に実施できる職長となる。

(2) 職長能力向上教育の内容

① 初任時の職長教育を受講した後に、職長としての一定期間の実務経験を前提に、職長に期待される役割を的確に果たしていくために必要となる教育は、「講義」と「グループ演習」を組み合わせた内容である（**表 1-6**）。

② 前項のうち、生産現場における職長等の役割を踏まえたレベルアップのための重点項目が必須の基本項目となっており、また、事業場における安全衛生活動、労働安全衛生マネジメントシステムの仕組み等の専門の安全衛生教育のうち、事業場のニーズの高いものについては、選択式の専門項目となっている。

③ 職長等の職務に従事することとなった後、概ね 5 年以内の期間ごとに、6 時間以上（「必須の基本項目：2 時間以上」＋「グループ演習：2 時間以上」を含む）の能力向上教育を実施する。

表 1-6　職長能力向上教育の教育事項

1　職長等として行うべき労働災害防止及び労働者に対する指導又は監督の方法に関すること
(1) 基本項目（必須）
　　① 職長等の役割と職務
　　② 製造業における労働災害の動向
　　③ 「リスク」の基本的考え方を踏まえた職長等として行うべき労働災害防止活動
　　④ 危険性又は有害性等の調査及びその結果に基づき講ずる措置
　　⑤ 異常時等における措置
　　⑥ 部下に対する指導力の向上（リーダーシップなど）
　　⑦ 関係法令に係る改正の動向
(2) 専門項目（選択）
　　① 事業場における安全衛生活動
　　② 労働安全衛生マネジメントシステムの仕組み
　　③ 部下に対する指導力の向上（コーチング、確認会話など）
2　グループ演習
　　以下の項目のうち 1 以上について実施すること。
　　① 職長等の職務を行うに当たっての課題
　　② 事業場における安全衛生活動（危険予知訓練など）
　　③ 危険性又は有害性等の調査及びその結果に基づき講ずる措置
　　④ 部下に対する指導力の向上（リーダーシップ、確認会話など）

参考　生産ラインの役割階層別業務サイクルと生産業務

役割階層と業務サイクル	機能	生産業務（事例）
管理者 管理サイクル 安全理念　状況把握 方針 目標 計画 統制 評価　調整　組織化 統率 指揮 報告・連絡・相談　指示・指導	方針 目標 計画	① 工場の年間・月間生産計画や要員等稼働体制に基づき操業計画を立てる。 ② 設備、機械等の新設導入・改修時における安全診断を実施する。 ③ 関係法令等の周知徹底および法定の諸届出に関する手続きを実施する。
	組織化	① 担当工場の階層別役割と職務を定める。 ② 工場の管理規程、技術基準、安全基準等の作成と変更管理 ③ 教育訓練規程（知識教育、資格取得、技能訓練、基本動作等）と教材の変更管理
	統率 指揮	① 操業計画を作業指示書等で監督者へ指示する。 ② 現場を巡視し、管理・監督状況を確認する。 ③ 災害・事故発生時、設備や操業異常発生等は、部下を統率・指揮して二次被害を防止する。 ④ 事故調査情報より根本原因を究明し、再発防止対策を行う。 ⑤ 協力会社に対する指導・援助（総合的な安全衛生管理）
	統制 評価	① 日報・月報等の操業実績より計画の進捗状況を評価する。 ② 計画の進捗状況に応じ、修正・見直しを指示する。
	調整	① 労働災害、火災爆発事故、設備故障、操業トラブル等の異常発生時、関係部署や前後工程と連絡調整する。
職長 監督サイクル 段取り 手配 報告 手続・打合 点検 確認　指示 指導 報告・連絡・相談　監督・指導	段取り 手配	① 生産計画等に従って当日の作業計画を立て、作業指示書を作成する。 ② 作業計画に対応する人員配置、作業材料、作業設備、道工具、保護具、前後工程との連絡調整等の手配を行う。 ③ 始業ミーティング等で作業者の健康チェックを行い、健康の異変を発見し、早期治療につなげる。
	指示 指導	① 始業ミーティング等で段取り、手配内容および作業方法・手順等を作業者全員に作業指示する。 ② 作業指示後は、復唱、質問等により理解度を確認する。 ③ 作業者の作業状況に対して指導・監督を行う。
	点検 確認	① 職場を巡回して、段取り・手配の不備、作業指示の実践状況、作業手順等の順守状況等を確認する。 ② 作業現場の整理整頓清掃の状況、作業基準類の整備状況、設備・作業・環境条件等の問題点を把握する。 ③ 不適切な作業に対しては、その場で是正指導し、適正作業への動機づけを行う。
	報告 手続 打合	① 異常時、災害発生時は、速やかに管理者へ報告し、部下を指揮して緊急措置を行う。 ② 作業進捗と結果を日報等に整理し、管理者へ報告する。 ③ 非定常作業等、混在作業時の連絡調整など、関係部署に対して所定の手続きをとる。
一般作業者 作業サイクル 準備 作業 報告 後始末 作業　本作業	準備 作業	① 始業ミーティングで、職長より指示された作業用材料や道工具を準備する。 ② 点検基準に基づき設備、環境、道工具等の始業点検を行う。 ③ 職長の説明により作業準備、手配・段取りの内容を確認する。
	本作業	① 職長の作業指示、作業基準、作業手順書に基づき作業を完遂する。 ② 作業中は、全員で危険予知、指差し呼称、相互声かけなどを行う。 ③ 設備の故障や操業トラブル発生等の異常時、災害発生時に職長へ速やかに報告し、職長の指揮の下で緊急措置を行う。
	後始末 作業	① 作業終了後、作業者全員で作業設備や環境、道工具等を点検整備する。 ② 作業者全員で作業場の整理・整頓・清掃を行う。 ③ 当日の作業実績や申し送り事項を整理し、職長へ提出する。
	報告	① 各階における異常時、災害発生時は速やかに職長へ報告する。 ② 作業設備や作業環境、道工具等の点検結果を職長へ報告する。 ③ 作業や設備等の問題点や疑問点、ヒヤリ・ハット等を職長へ報告し、終業ミーティングなどの場で改善のためのディスカッションを行う。

製造業における
労働災害の動向

●この章のポイント●

　製造業の労働災害の発生状況についてその傾向を知ると、どのような災害を重点的に防止しなければならないかが分かる。

　具体的には、重篤な災害の多くが、機械設備に関係するものであることから、これらに対する労働災害防止対策にまず取り組むことの重要性を学ぶ。また、労働災害を詳細に分析した結果によると、不安全状態と作業者の不安全行動によるものも多いことを理解して、「不安全状態の解消」と「不安全行動の撲滅」に取り組むものとする。

---

1 製造業における労働災害の推移

　製造業の労働災害は、産官学や業界団体、労働災害防止団体等の連携のもと、さまざまな労働災害防止の取組みを着実に実施してきた結果、長期的には下のグラフのとおり大きく減少してきた。しかし、最近の状況をみると死傷災害はほぼ横ばい、死亡災害は減少傾向にあるものの十分ではないことから、自主的労働災害防止対策として新たな方策も含めた一層の取組みが求められている。

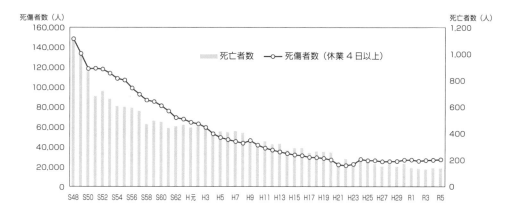

図 2-1　死傷災害の推移（製造業）

ア　死傷災害

休業4日以上の死傷災害は長期的に減少が続いていたが、最近は横ばいないし微増の傾向も見られる。令和5年の休業4日以上の死傷者数は2万7,194人であった。

イ　死亡災害

死亡災害も長期的には大きく減少してきたが、最近は横ばいないし微増の傾向となっている。令和5年の死亡者数は138人であった。

2　製造業における労働災害の特徴

近年の労働災害の特徴は次のとおりである。

ア　事故の型別では「はさまれ・巻き込まれ」災害が多い

死傷災害では、「はさまれ・巻き込まれ」が23.5%、次いで転倒21.4%となっている。死亡災害でも、「はさまれ・巻き込まれ」が36.2%と最も多いが、次に多いものは墜落・転落15.2%となっている。

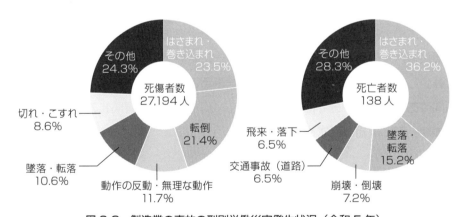

図2-2　製造業の事故の型別労働災害発生状況（令和5年）

イ　起因物別では「機械設備」関係の災害が多い。

起因物では、機械設備関係（動力機械）の災害が最も多くを占め、死傷災害で33.1%、死亡災害で52.9%と多くを占めていることから、これらによる労働災害の防止が課題である。

労働災害防止では、より重篤度の高い災害から優先的に対策を講じることが重要であることからも、製造業においては死亡災害の約半数を占める機械設備の災害防止に

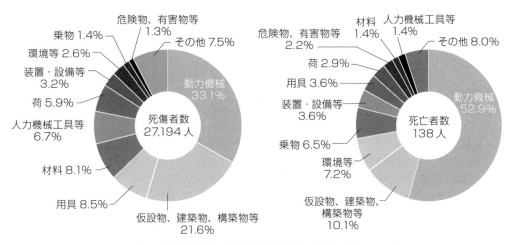

図 2-3　製造業の起因物別労働災害発生状況（令和 5 年）

ついて重点的に取り組む必要がある。

　なお、ここでの「動力機械」の災害は、労働災害統計における次の起因物による労働災害を集計したものである。

・原動機	・動力伝導機構	・木材加工用機械
・建設機械等	・金属加工用機械	・一般動力機械
・車両系木材伐出機械等	・動力クレーン等	・動力運搬機

※　また、「装置・設備等」は、「圧力容器」、「化学設備」、「溶接装置」、「炉、窯等」、「電気設備」、「その他の装置、設備」を合わせたものである。

【労働災害事例（機械設備関係）】

　事故の型「はさまれ・巻き込まれ」、起因物「動力伝導機構」という、典型的な機械災害の事例である。後述する機械安全での「停止の原則」、「隔離の原則」を学んだあと、再度読み直していただきたい。

● チェーンベルトに詰まった不織布の綿を取り除く作業を行っていたところ、機械を停止しなかったため、手をロール機に巻き込まれた
（「職場のあんぜんサイト」より）

＜発生状況＞
　被災者は、不織布カーペットの不良品をリサイクルし、建築資材用フェルトを製造する業務に従事していた。
　災害発生日、被災者は、不織布カーペットを裁断する 1 号機と、1 号機と連動し不織布の毛の綿を刃の付いたロール機で切断しながらほぐす 2 号機を操作中、2 号機のロールの伝達機構であるチェーンベルトにこびり付いた不織布の毛の綿をはがそうとして、チェーンベルトを囲っているボックスの扉を開き、機械を停止させずに取り除き作業を行っていた。

その際、こびり付いている綿がロールの表面の刃の部分にまで伸びていたので、それを取り除くため、2号機のロール部分のカバーを開け、ロールを回転させたまま手で取り除こうとしたところ、手がロール機に巻き込まれた。

＜原因＞

この災害の原因としては、次のようなことが考えられる。

① チェーンベルトに詰まった不織布の綿を取り除く作業を行うに際し、被災者がチェーンベルト部を囲っているボックスの安全装置（インターロックスイッチ）を無効にし、機械を停止しないまま、専用ジグを使用せず、素手で作業を行おうとしたこと。

② 上記の作業において、チェーンベルトに詰まった不織布の綿を取り除く際、覆っている六角ボルトの4点止めで締められているカバーを、開けてはいけないことになっていたにもかかわらず、被災者は六角ボルトをすべて外し、カバーを開け、機械を停止せずに作業を行ったこと。

＜対策＞

類似災害の防止のためには、次のような対策の徹底が必要である。

① チェーンベルト部に詰まった不織布の綿を取り除く作業を行う時は、チェーンベルト部を囲っているボックスの安全装置（インターロックスイッチ）を有効にし、確実に機械を停止させ、専用ジグを用いて作業させること。

② 上記の作業を行う際、詰まった不織布の綿を取り除く場合は、覆っているカバーを開けずに作業を行うこと。

③ 安全装置を無効化してはならないこと。

④ ボルトで固定されている安全カバーを開くときは、機械を確実に停止させること。

⑤ 動力伝導機構の清掃、調整等の作業手順書を作成し、安全教育を通じ周知すること。

ウ 「不安全状態」、「不安全行動」による労働災害

労働災害は、「不安全状態」と「不安全行動」があって発生することが多い。

「不安全状態」については、死傷者数でみると、「作業方法の欠陥」による災害が約

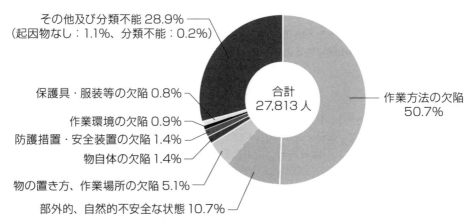

図2-4 平成25年 製造業 不安全な状態別死傷者数

資料出典：厚生労働省 職場のあんぜんサイト「労働災害原因要素の分析」(平成25年 製造業)

半数を占めており、安全な作業の指示などの管理対策が重要である。

　「不安全行動」については、死傷者数でみると、「誤った動作」による災害が約30
％と最も多いなど多くの不安全行動が残っており、このような不安全行動の撲滅が必
要である。

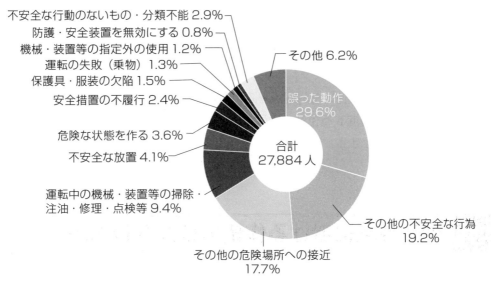

図 2-5　平成 28 年　製造業　不安全な行動別死傷者数
資料出典：厚生労働省　職場のあんぜんサイト「労働災害原因要素の分析」（平成28 年　製造業）

　以上のように、不安全状態や不安全行動を防止あるいは少なくすることは労働災害
を防止する上で重要である。

　労働災害の防止を図る上では、後述するように「人はミスをする」、「機械は故障す
る」ということを前提に、機械設備での安全を第一に図ることが重要であるとされて
いる。しかし、人は繰り返し安全教育を行うことで、より安全な行動を取ることもで
きるし、また、安全の意識を高めることでミスも少なくすることができる。

　これらのことを踏まえ、「不安定状態の解消」と「不安全行動の撲滅」に向けて取
り組んでいく必要がある。

「リスク」の基本的考え方を踏まえた職長等として行うべき労働災害防止活動

●この章のポイント●

生産現場において、日常的に各種の労働災害防止活動を推進する中核的な役割を担っている職長は、「リスク」の基本的な考え方を正しく理解し、「リスク」の基本的な考え方と関連付けた労働災害防止活動を推進していくことが必要である。このため、職長が推進する各種の労働災害防止活動の持つリスクを低減する効果について学ぶものとする。

1 生産現場における作業のリスクレベル

生産現場での多くの作業においては、「本質的対策」、「工学的対策」等によってリスク低減措置を行っても、技術的あるいは経済的な制約条件によって、安全衛生上「問題はほとんどない」レベル（**表3-1**の「リスクレベルⅠ」）までリスクを低減することができない場合もあり、安全衛生上「多少の問題がある」、または「問題がある」レベル（同「リスクレベルⅡ」または「リスクレベルⅢ」）で作業を行わざるを得ないことも多いのが現実である。

表3-1 リスクレベルおよびそれに応じたリスク低減措置の進め方の例

リスクレベル	リスクポイント	リスクの内容	リスク低減措置の進め方
Ⅳ	13〜20	安全衛生上重大な問題がある	リスク低減措置を直ちに行う 措置を行うまで作業を停止する（注1）
Ⅲ	9〜12	安全衛生上問題がある	リスク低減措置を速やかに行う
Ⅱ	6〜8	安全衛生上多少の問題がある	リスク低減措置を計画的に行う
Ⅰ	3〜5	安全衛生上問題はほとんどない	必要に応じてリスク低減措置を行う（注2）

注1：「リスクレベルⅣ」は、事業場として許容不可能なリスクレベルであり、リスク低減措置を行うまでは、作業中止が必要となる。しかし、技術的課題等により、適切なリスク低減の実施に時間を要する場合には、事業者の判断により、それを放置することなく、実施可能な暫定的な措置を直ちに実施した上で作業を行うことも可能とする。

注2：「リスクレベルⅠ」は、事業場として広く受け入れ可能なレベルであり、追加のリスク低減措置の実施は原則として不要である。ただし、安全対策が後戻りしないように、適切なリスク管理は必要となる。

（中央労働災害防止協会編『職長の安全衛生テキスト』より）

このようなリスクレベルで作業を行うにあたっては、労働災害を防止するために、作業手順書等の管理的対策や個人用保護具の使用を作業ルールとして設定したうえで、作業者に対して繰り返し教育訓練を行って順守させることにより、リスクを「暫定的に」下げて作業を行う必要がある。(68ページ　第4章第2節(4)参照)。

2　職長が推進する労働災害防止活動の「リスク低減効果」

　生産現場において、職長が推進する役割を担う各種の労働災害防止活動について、「リスク」の考え方を前提とすると、次ページの**図3-1**のような位置づけとなる。以下、図3-1に沿って説明するが、職長としては、(2)の役割を果たしていくことが必要となる。

(1) 機械メーカーの設計・製造段階における安全対策

　機械メーカーは原則として、設計時に「機械の包括的な安全基準に関する指針」に基づく機械のリスクアセスメントとリスク低減を実施し、機械メーカーとして低減できなかったリスクについては機械使用者に文書により提供するよう努めることを法令(安衛則第24条の13)により求めている(リスクレベルA)。

(2) 生産現場における労働災害防止活動

　生産現場における労働災害防止は、機械メーカーから提供された上記文書の内容を踏まえて、職長が中心になってリスクアセスメントを実施していくことが必要である。

ア　機械の導入時のリスクアセスメントと安全対策(図3-1①)

　生産現場においては、機械の導入・変更時等に、機械メーカーから提供される機械の「使用上の情報」に盛り込まれている残留リスクに関する情報を活用して、リスクアセスメントを行い、ハザードを見つけ出したうえで、①本質的対策のうち可能なもの、②工学的対策(機械のガードの設置や局所排気装置の設置等)の安全対策を実施することによって、さらにリスクレベルを下げて、生産作業を開始できるようにする(「リスクレベルA」→「リスクレベルB」)。

　その際、職長は、職場の作業に潜む危険の芽について最も熟知している立場にあることから、管理者等とともに、職場として実施するリスクアセスメントに参画して、安全対策に積極的に取り組んでいくことが必要である。

37

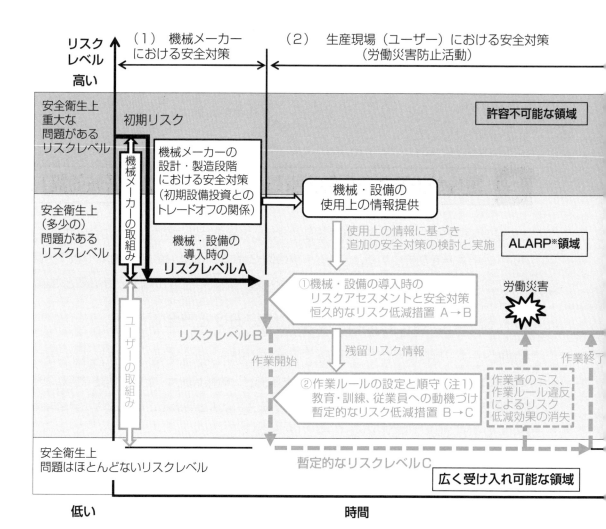

図 3-1 「リスク」の基本的な考え方を踏まえた職長として行うべき労働災害防止活動

（注１）
　作業ルール（作業手順等の管理的対策、個人用保護具の使用）の設定・順守によるリスクレベルの低減は、当該ルールを順守している限りにおいて、リスクレベルを暫定的に下げる効果をもつものである。
　作業ルール順守の信頼性を高めるためには、従業員に対する継続的な教育・訓練と日常的な労働災害防止活動を通じて従業員の安全意識と危険感受性の向上を図り、「決められたことを、決められた通り、毎回、全員が実践する」そして「人が見ていない時でも安全に行動する」という人と職場づくりが必要である。

※ALARP：合理的に実行可能な限りリスクレベルを低減する

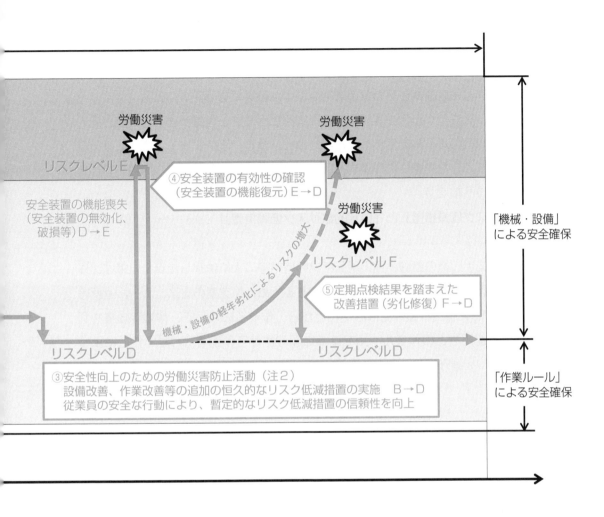

（注２）
　日常的な生産活動の中で発見された新たなリスクに対し、設備改善や作業改善等の追加の恒久的なリスク低減措置を計画的に行う。
　職長のリーダーシップのもとで、職場の日常的な労働災害防止活動を活性化して、部下一人ひとりの安全意識を高め、安全な行動を習慣化することにより、暫定的なリスク低減措置の信頼性を向上する。

イ 作業手順書・個人用保護具の使用等の作業ルールの設定・順守（図3-1 ②）

アのようなリスク低減措置を行っても安全衛生上の問題はほとんどないリスクまで下げられないケースもあり、安全衛生上「（多少の）問題がある」リスクレベルにおいて、リスクが残留する生産作業を行わざるを得ないのが現実である。

このようなリスクレベルの生産作業を行うにあたっては、作業手順書の整備、個人用保護具の使用等のルールを定めて、これを順守させることによって、さらにリスクを暫定的に下げることを条件に作業を行うことが必要である（「リスクレベルB」→「暫定的なリスクレベルC」）。

【「恒久的なリスク低減措置」と「暫定的なリスク低減措置」】（68ページ　第4章第2節（4）参照））

これらの作業手順書の整備、個人用保護具の使用等の人に依存した安全対策は、作業者が実施するかどうかに左右される措置であるため、作業者のミス、ルール違反等により、100%実施される保証はないことから、作業者に対して、作業手順書や個人用保護具の着用などの作業ルールを確実に順守させて作業を行わせることによって、当該ルールを順守している限りにおいて、リスクを暫定的に下げる効果が生じるものであり、以下、「暫定的なリスク低減措置」と呼ぶ。これに対し、本質的対策、工学的対策といった設備面の安全対策を、以下、「恒久的なリスク低減措置」と呼ぶ。

職長としては、「暫定的なリスク低減措置」については、作業者に安全に作業を行わせるための作業ルールを確実に順守させることが、極めて重要な役割である。具体的には、次のような取組みを行う必要がある。

（ア）安全確保のための作業ルールの設定

「機械・設備による安全確保」のための安全対策を行っても、なお残るリスクについては、労働災害を防止するために、「管理的対策（作業手順書の整備、立入禁止措置、ばく露管理、教育訓練等）」や「個人用保護具の使用」等によって、リスクを暫定的に下げたうえで作業を行うためのルールを設定することが必要である。

（イ）作業ルールの順守のための取組み

（ア）において設定した作業ルールの順守により労働災害に至ることのないようにするためには、職長としては、①職長自らが率先して作業ルールを順守すること、②作業ルールについての教育訓練と動機づけを作業者に対して繰り返し行うこと、③作業ルールの順守についての「定期確認」を確実に行うこと、④作業ルールを順守できていない作業者に対してはよく話し合い、作業者の性格を考慮した態度教育をすること等により、次のような安全に作業を行うことができる人と職場づくりを行う必要がある。

> ・決められたことを、決められたとおり、毎回、全員が実践する
> ・誰も見ていないときでも安全に行動する
> ・仲間の安全を思いやる人と職場づくり
> ・監督者が部下を守る

ウ　安全性向上のための労働災害防止活動（図3-1 ③）

　生産現場において実際に機械を使用し始めたあと、日常的に生産作業を行っている中で、危険予知（KY）活動やヒヤリ・ハット活動などにより、労働災害につながるリスクが見つかる場合もあり、このような新たに発見されたリスクについては、追加的な安全対策（恒久的なリスク低減措置）を行うことによって、さらにリスクを低減することが必要である（「リスクレベルB」→「リスクレベルD」）。

> 【日常的な労働災害防止活動】
> ・安全衛生実行計画の作成・実施
> ・職場巡視（対話型パトロール）
> ・4S（または5S）活動
> ・危険予知（KY）活動
> ・ヒヤリ・ハット活動
> ・相互声かけ活動

　なお、これらの労働災害防止活動は職長のリーダーシップの下で行われるものであり、新たなリスクの発見に寄与するばかりでなく、この活動を有効に展開することによって、作業者が作業ルールを守って安全に仕事をしようとする安全意識や危険感受性を高める効果がある。

　さらに作業者のミス（ヒューマンエラー）や作業ルール違反の防止にもつながるなどの効果も大きいため、暫定的なリスク低減措置の確実な実施への信頼性が向上する。

　このような観点から、職長は、生産現場の要として職場の労働災害防止活動を活性化し、前項イの囲みに示した安全に作業することができる「人と職場づくり」に取り組んでいくことが重要な役割として期待されている。

エ　安全装置等の有効性の確認（図3-1 ④）

　機械メーカーにおいて設計・製造時に設置した機械的・電気的な安全装置等や生産現場において機械の導入・変更時に追加的に設置した安全装置等については、機器の外れや破損などが発生した場合には、その保護機能の有効性が失われてしてしまい、リスクレベルは元の高いレベルに戻ってしまう（「リスクレベルD」→「リスクレベルE」）。

　このような安全装置等の機能喪失による労働災害を防止するため、職長は、必要に応じて作業開始前や定期に点検を行い、安全装置等の機能の有効性が維持されていることを確認したうえで、生産作業を行う必要がある。

　上記の点検の結果、安全装置等の異常を発見した場合には、生産作業を停止し、直ちに上司に報告して指示を受けて安全装置等の機能を復元しなければならない。

　また、人為的に安全装置等の無効化（インターロックの解除やガード類の取り外し等）を行った場合も、リスクレベルは同様に元のレベル E に戻ってしまうことになるので、機械の調整やトラブル処理時等において臨時に安全装置等の無効化等を行う必要がある場合は、上司の許可を受けたうえで実施し、その必要がなくなったら直ちに現状に復すること。

　なお、作業者が作業性などを優先して故意に安全装置等を無効化することは、自らの安全を犠牲にする行為であり、絶対に行ってはならない。

オ　定期点検結果を踏まえた改善措置（図 3-1 ⑤）

　機械・設備は、時間の経過とともに腐食や摩耗、材料の経年劣化等の進行によってリスクが増大してくる可能性がある（「リスクレベル D」 → 「リスクレベル F」）。このため、職長としては、機械・設備の定期的な点検を行うことによって、経年劣化によるリスクの増大の可能性等の端緒となる異常を見つけ出して、補修等の改善措置を行うことが必要である（「リスクレベル F」 → 「リスクレベル D」）。

　また、機械・設備の経年劣化等の状況変化に対応していくため、毎年 1 回程度、定期的にリスクアセスメントを実施して、リスクの除去・低減を図っていくことが望ましい。

3 「機械安全」の考え方を参考に安全の基本を学ぶ

　本節では、次節で機械安全の取組みの概要等を学ぶにあたり、前提となる用語等について整理する。

　労働災害防止において、国際的な基準にしたがった取組みが求められるようになってきており、ここでは機械安全に関する国際規格等のなかで示されている、安全についての基本の考え方を学ぶ。製造業においては、特に死亡災害で機械設備関係が約半数を占めることから、機械の安全について理解することは特に重要といえる。

（1）安全とは

ア　国際規格とは

　　人、物、金、情報等が国の枠を超えて自由に流通するという経済のグローバル化が進んでいる。このような中で、円滑な貿易のための世界的な協定が結ばれている。

　　この協定の中で各国の規制が貿易の障害とならないよう、産業標準や安全・環境面の規制などを可能な限り国際的に統一して規格化するとされている。

　　また、重篤な労働災害の多くを占める機械関係の労働災害を防止するため、多くの国際規格が策定されている。これらは主として機械の設計、製造者に示されたものであるが、安全についての基本的な考え方が示されており、これらを学び理解することは労働安全にかかわる者にとっても重要なことである。

イ　安全に対する重要な考え方と用語

　　「機械安全」は、機械を使用する際の安全を、機械の設計によって確保しようとする考え方である。ミスをしない人間はいない。また、故障をしない機械はない。そのため、安全を確保するためには、作業者がミスをしても、機械が故障しても、安全に使用できる機械でなければならない。

　　「人はミスをする」、「機械は故障する」という考えに基づき設計をすることが、機械安全の基本である。その基本の考え方を理解することは労働災害防止を進める上で重要である。

（ア）安全とは（安全の定義等）

　　安全の定義は、規格に安全面を導入するためのガイドラインである「ISO ／ IEC ガイド 51」で次のとおりとされている。

安全（safety）：許容不可能なリスクがないこと
　　　　　　freedom from risk which is not tolerable
ISO/IEC Guide 51：2014　3.14

　　機械安全における定義ではあるが、その定義は労働安全においても一般なものとして受け入れるべきものである。

　　具体的には「安全とは」次のように考えるということである。

---
①　安全とは、許容不可能なリスクがないこと。絶対的な安全はなく、ある程度のリスクは残る。
②　安全は、リスクを許容可能なレベルまで低減させることで達成される。
③　許容可能なリスクは、絶対安全という「理想」と「達成できること」との最適バランスの探求によって決定される。
④　許容可能なレベルは常に見直す必要がある。

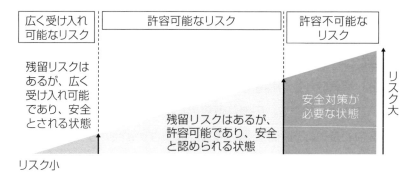

図 3-2　許容可能なリスクと安全

　安全とは、「許容不可能なリスクがないこと」であり、別の言い方をすれば、「リスクが残っていても、許容可能なリスク以下であれば安全である」とするということである。

　このため、安全かどうかを判断するためには、リスクアセスメントによりリスクがどの程度かを評価しなければならないということになる。

　これらを図示すると**図 3-2** のようになる。

　広く受け入れ可能なリスクの状態も、許容可能なリスクの状態も、定義からはどちらも安全ということができるが、当然「広く受け入れ可能なリスク」の状態を安全として求めるべきであろう。

　なお、通常のリスク低減の措置をどこまで行うのかについては、ALARP という考えが示されている。ALARP とは「as law as reasonably practicable」のことで、リスクは「合理的に実行可能な限り出来るだけ低くしなければならない」とされる。

（イ）安全についての用語

　安全の考え方を理解するうえで、特に必要な用語の定義、意味については次のとおりである。

① 　安全：許容不可能なリスクがないこと。
② 　危険源（hazard）：危害[1]（harm）を引き起こす潜在的根源のこと。
　　　　　　　　　　※１：危害とは身体的傷害または健康障害のこと。
③ 　リスク：危害の発生確率およびその危害の度合いの組み合わせ。
④ 　同定：リスクアセスメントにおいて、危険源をあらかじめ示された「危険源リスト」（ISO12100 付属書）で見つけ出すこと。リストの利用により危険源を見つけ出すことが容易となる。
⑤ 　機械安全：機械を使用する際の安全を、機械の設計によって確保する考え方で、機械安全とは、機械・設備そのものを安全にするためのもの。機械的危険のみならず、電気的危険や材料・物質による危険など、機械に関わるすべての危険を考慮する必要がある。ほとんどの機械・設備は電気で動作するため、機械安全の中に電気安全も含まれる。機械安全における電気安全は、

主に制御盤になるが、電気が関わる部品（スイッチやリレー、端子台やケーブルなど）も対象となる。

⑥ 対策と方策：機械安全関係の JIS 規格では "対策" ではなく "方策" と表記されている。方策とは、事前に計画を立て、あらかじめ方法を検討し、策を講じること。対策とは、何か起こった後に、対応するための方法を検討し、策を講じること。どちらも、策を講じるという意味においては同じだが、事故や問題が「起こってから」と「起こる前」では大きな違いがある。

⑦ 残留リスク情報等：次の情報等をいう。なお、機械の製造者等から機械ユーザーに対する機械の危険性等の通知として安衛則第 24 条の 13 第 1 項で通知が義務付けられている。

○ 製造等を行う者による保護方策※2 で除去または低減できなかったリスク

○ 機械を労働者に使用させる事業者が実施すべき保護方策（安全防護、付加保護方策、労働者教育、個人用保護具の使用など）の内容　ほか

※2：保護方策とは機械のリスクの低減（危険性・有害性の除去を含む）のための措置をいう。

※　なお、厚生労働省の「危険性又は有害性等の調査等に関する指針」（リスクアセスメント指針。第4章参照）の解釈通達（平成18年3月10日基発第0310001号）においては、「「危険性又は有害性の特定」は、ISO等においては、「危険源の同定」等の用語で表現されているものであること」とされている。「危険性又は有害性」は、「危険源」や「危険有害要因」と言うこともあるが、本テキストにおいては、以下、法令等の表現に関する部分以外では、「ハザード」と表記する。

【安全を考える上で「リスク」の考え方が重要】

（1）のイ（ア）で説明したとおり、安全を考える上では、「リスク」がどうであるかが重要である。リスクは、機械安全の国際規格での定義（上の囲みの③）のほか、リスクアセスメント指針では、「危険性又は有害性によって生ずるおそれのある負傷又は疾病の重篤度及びその発生の可能性の度合」とされている。このように、リスクは災害の起きる「可能性」とその「大きさ」から決まるものである。

なお、上の囲みの説明のとおり、②ハザードと③リスクは異なるものである（第4章2（1）も参照）。

（2）ハザードについての理解

安全を考える上で重要なリスクアセスメントでは、どこにどのような危険（ハザード）があるかを見つけることのできる危険感受性が求められる。しかし、慣れないうちは、ハザードを見つけることは容易ではない。このことは、リスクアセスメントに限らず危険予知訓練（KYT）などでも同様である。

機械関係でのハザードについては、**図 3-3** のようなハザードが考えられるとされている。より詳細な機械関係のハザードは「巻末資料」の**参考別表 -2** を参照されたい。また、リスクアセスメントの関連でのハザードの詳細については、第 4 章で学ぶ。

機械的ハザード

固体、または、液体の機械的作用に起因して生ずる危険。
例えば、押しつぶし、切断、裂傷、巻き込みなどの危険性

熱的ハザード

高温、低温の機械類に接触することなど。火災または爆発を引き起こす高温の危険性

電気的ハザード

感電、電気アーク、絶縁破壊、漏洩電流、静電気などの危険性

有害磁場、光線ハザード

レーザー、マイクロ波、X 線、電離および非電離放射線などの危険性

騒音のハザード

聴覚への支障や耳鳴りなど

材料および物質によるハザード

有害な化学物質などの吸入、摂取または接触。それらの使用に起因する、火災・爆発の危険性

図 3-3　機械関係のハザードの例

4 「機械安全」の取組み（はさまれ・巻き込まれを例に）

機械にかかわる安全については、機械を使用する際の安全を、機械の設計・製造段階で確保することが基本の考え方であり、その前提は次のとおりである。

---

① 人間はミスをする（間違える）
② 機械は故障する（壊れる）
③ 絶対安全は存在しない

リスクを低減するための安全方策は、「機械安全」を優先すべきであるが、それでも残る残留リスクがある。この残留リスク※は、機械の提供者（メーカー等）に確認する必要がある。

なお、残留リスクへの対応については作業者に対する安全教育や、保護具の着用など、作業者の行動等にかかわる取組みも重要となる。

※ 安衛則第24条の13によりメーカー等は機械を譲渡する相手先に残留リスク等を通知する努力義務がある。

（1）はさまれ・巻き込まれ災害防止の基本的考え方

ア　危害発生のメカニズムから考える災害防止の方策

労働災害という危害が発生するメカニズムは**図 3-4** のように考えることができる。

① 人がいて人が動く範囲としての「人間の存在域」がある。

② 機械のハザードがあり機械が動く範囲としての「機械の危険域」がある。

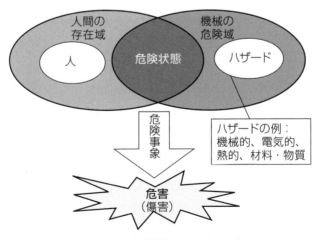

図 3-4　危害が発生するメカニズム

③　人が機械に近づくなどで、この①と②の領域が重なると、そこに危険状態が発生する。

④　この危険状態が危険事象として顕在化すると、危害、すなわち労働災害が発生する。

　機械による労働災害の防止は、この災害発生のメカニズムの条件が発生しないようにすればよいということになる。つまり、機械のハザードを除去するまたは制限する「本質的安全」、「隔離による安全」、「停止による安全」を考えるということである。

イ　本質的安全

次のように考えることができる。

①　ハザードそのものを除去するか、人に危害を及ぼす材料等を危険性や有害性の低いものに置き換える。危険箇所（鋭利な角、せん断や切断の箇所など）をなくすなどがある。

②　エネルギー（機械、電気、位置等）の減少、機械構造についての技術的配慮・設計。例えば、より力の弱い機械にするなどにより、危害のひどさが減少する。

③　材料の投入、製品の取り出しの自動化・機械化、設定・保全の作業位置を危険の少ない場所にする。これにより人のハザードへのばく露頻度が下がる。

④　「安全に関わる電気制御システム」を「安全関連部」という。ここで使用される機器は「安全機器」と呼ばれる（代表としてインターロック）。これらの機器を使うことで危険事象の発生を減少させることができる。

ウ　隔離の原則

　人間の存在域と機械の危険域が重ならないようにすること。そうすると、危険状態が発生せず、危害に至ることがなくなる。そのための方策が「ガード（囲い）」による保護方策であり、「隔離による安全（ガード）」となる。

エ　停止の原則

　ハザードである機械を停止することで機械の危険域がほとんどなくなり、危険状態が発生することはなくなる。そのための保護方策が「停止による安全（インターロック）」となる。

（2）ガードによる保護方策（隔離の原則）

　ガードの機能は、ハザードから人を空間的に隔離することにより、ガードで包囲した空間に人が接近することを防ぎ、身体の全部または一部（手足など）がハザードに届かないようにすることである。

　ガードには次のようなものがある。

ア　固定式ガード

　工具を使用するか、取り付け部分を破壊しないと外せないもの。次の要件が求められる。

> ①　恒久的に固定されているか、工具を使って外さないと内部に身体部分が入らない構造であること。
> ②　リスク低減に最も効果的な位置（場所）に常に保持できること。

　固定式ガードには、回転体・ベルト等の危険部分を囲う「囲いカバー」と安全柵のように一定の距離を置くための「距離ガード」がある。

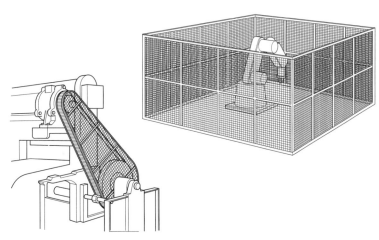

図3-5　固定式ガードの例

イ　可動式ガード

　工具を使用せず、手で開くことができるもの。次の要件が求められる。

> ①　動力伝達部（歯車、ベルト等）を隔離するガードは、可動式とする場合はヒンジ等により開く方式とし、ガードを機械から取り外せない構造とする。開いた場合にハザードにばく露される場合は、インターロック付きガードとすること。
> ②　動力伝達部以外の可動部を隔離するガードには、インターロック付きガードを使用すること。
> ③　上記のうち、慣性が大きく可動部が直ちに停止しない機械には、施錠式インターロック付きガードを使用すること。

　可動式のガードの一般的な例は、固定式ガードの開口としての扉である。部品や製品の搬入搬出用から、人が出入りするものも含まれる。

　可動式ガードは、「停止の原則」に合致させるために、インターロック装置を備えたものにする必要がある。

　なお、インターロック装置は、次のように可能な限り「安全確認型」のシステムにすることが必要である。

【参考】「安全確認型」と「危険検出型」
　機械を止める条件（または機械を起動させない条件）には「安全確認型」と「危険検出型」の2つがある。
　機械を安全に動かすためには、例えば人が機械の動いている部分に近づくなど危険な状態になったときに機械が止まるということが原則である。
　そのため、安全装置等は安全確認型でなければならないものである。
　次の図のように、安全状態ではない状態には、危険状態と不安状態（危険が生じているわけではないが、安全であると言い切れない状態。安全か、危険かが、それを評価する人によって異なる。）があると考えられ、この不安状態も「危険」と判断するものが「安全確認型」である。

安全確認型 ⇒ 「安全」と言い切れなければ「危険」と判断

・**安全確認型**
　人がいないことを検出装置等で確認したときのみ、機械の運転を許す仕組みを「安全確認型」という。安全確認型システムでは、安全が確認されたときだけ機械の起動が許される。実際には安全な状態にあったとしても、検出装置等が故障し人がいないことが確認できなければ機械の起動は許されず、運転中の機械は停止させられる（起動もできない）。

・**危険検出型**
　人が近づいたことを検出する装置で危険（人の接近）を検出したときに機械を停止させる仕組みを「危険検出型」という。検出装置が故障したときは危険を検出できないので、人が近づいても機械は止まらない（起動も可能）という問題がある。

【例】
　仮に赤1つだけの信号機と青1つだけの信号機がある場合、どちらの信号機を採用するのが安全かという問いがある。
① 　赤だけの場合：赤点灯の方は停止、赤消灯の方は進行。
② 　青だけの場合：青点灯の方は進行、青消灯の方は停止。

　多くの人は赤だけの信号機を選択する。点灯により停止すべきことを強調でき注意喚起ができるからという理由が多いようだ。
　故障で信号が消えてしまった場合を考えてみると問題が明確になる。
① 　赤だけの場合：両方とも進行となり、より危険な状態となり事故が発生。
② 　青だけの場合：両方とも停止となり、安全な状態となり事故は発生しない。
　安全であることを確認した場合だけ進行を許す、故障で確認できない場合は進行させないという、安全側で対応する方式は②であり、②が「安全確認型」である。

---

(3) インターロックによる保護方策（停止の原則）

　ここでの保護装置は、「ガード以外の安全防護物」であり、インターロック装置、イネーブル装置、ホールド・ツゥ・ラン制御装置、両手操作制御装置などがある。

　これらの保護装置の機能は、ハザードから人を時間的に隔離するために、身体の全体または一部（手足など）が所定の限界を超えてハザードに近づいたことや、近づくおそれがあること（両手押しボタンから手が離れた、等）を検知して、機械を止めることである。

　人を検知する装置には、ライトカーテン、圧力検知マットなどがある。

ア　ライトカーテン（光カーテン）

　透過型光線式安全装置で次のものをいう。

---
① 投光器と受光器を、距離をおいて相対させ、投受光するもの。
② 常に受光しているが、受光器で光線が受けられなくなるとオフとなり、何らかの物体（人）が進入したものとみなす（進入検知）。
③ 進入検知で、機械の運転許可信号をオフにすることができる。

イ　マットスイッチ

　マットスイッチを人が踏んだとき、または物体が乗ったとき機械を停止させる。

---
① 制御方式には2線式と4線式があり、4線式は断線等の検出が可能。
② 4線式マットスイッチには、断線検知のほか、より高度な安全確保が可能なコントロールを有するものがある（短絡、接触不良の検出）。
③ 2線式は、オンオフスイッチと同じで危険検出型である。（故障時の安全機能が劣るので保護装置にはふさわしくない）

ウ　イネーブル装置

　ボタンあるいはグリップ形状で、そのボタンを適切に押しているときだけ、その他の手動操作ボタン類が電気的に操作可能となり、機械を操作できるもの（図3-6）。

① 手動操作装置に押しボタンやレバーとして設置され、作業時にその手動操作装置を持つと、自然にそれを作動できる（押される）位置に取り付けられている。単体式で一方の手でスイッチを握り反対の手で操作盤を操作する方法もある。
② 手動操作装置を台上に置いたり、壁に掛けたりした場合は、この押しボタンやレバーは作動状態にはならない。
③ 2ポジションまたは3ポジションに押し込めるスイッチである。
　操作中に、危険状態になり、思わず手動操作装置を取り落した場合は、この押しボタンやレバーは非作動状態となり、機械を停止することができる。さらに3ポジション式の場合は、思わず握りこんでも（押し込んでも）非作動状態となり、同様に機械を停止できる。

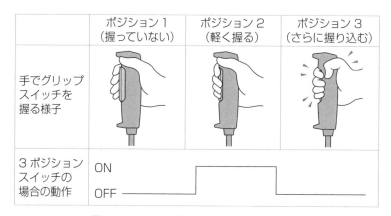

図3-6　イネーブルスイッチの操作と動作

エ　ホールド・ツゥ・ラン制御装置

手動操作装置のスイッチ、レバーなどで、それを作動（押す、前に倒すなど）させている間に限って機械の運転操作ができるもの。

押しているときだけ機械が動き、手を離せば機械はその場で停止する。

「イネーブル装置」
連続的に操作するとき、機械が機能することを許可するための補足的な手動操作装置（写真では明るい色の部分で、適度に握った状態で稼働を許可し、手を握りしめても、手を離しても機械が停止する3ポジションタイプのもの。）

「ホールド・ツゥ・ラン制御装置」
手動制御器を作動させている間に限り危険な機械機能を起動し、かつ、低速運転を維持する制御装置。（写真では右手の人差指部のボタン）

図3-7　イネーブル装置とホールド・ツゥ・ラン制御装置

（厚生労働省リーフレット※より、一部改変）
※　リーフレット「平成25年10月1日から、食品加工用機械についての規定を追加した改正「労働安全衛生規則」が施行されます」

オ　両手操作制御装置

作業者が両手で操作したときだけ機械の起動（運転）ができるもの。

---
① 機械が起動した時点において危険な部分に手や体が届かないようにできるので、当該作業者自身の安全が確保できる。第三者の安全は確保できない。
② 動力プレスの起動装置に両手操作式危険防止機構として使われる。
③ 片方のボタンをオンに固定して使うことができないように制御回路が工夫されている。

（4）ロックアウト・タグアウト

動いている機械による危険についてはガードにより人との接触を防止する措置をとるが、機械の修理やトラブル処理、点検調整や清掃などのためにガードされた中に人が入ることがある。この場合は、機械を止めて入るということになるが、ガードの中で作業をしていることに気がつかず別の人が誤って起動させてしまうという災害が多く発生している。

このため、安衛則では、次の規定により、「起動装置に錠を掛けること」、「表示板を取り付けること」により、その作業に従事している者以外の者が誤って起動することを防止する措置を講ずることを義務付けている。

これらの措置は、ロックアウト・タグアウトと呼ばれ、非定常作業の安全を確保する重要な措置である。

図3-8　ロックアウト用の器具の例（市販品）

ロックアウトは起動装置に錠をかけ、穴の部分に人数分の南京錠を掛けることで、全員が危険区域から外に出て、すべての南京錠が各人によって外されないと起動装置の操作ができないようにする措置である（**図3-8**）。

タグアウトは、起動装置に表示板（操作禁止札）を掛けて、危険区域内で作業中であることを知らせ、起動を禁止するための措置である。

（掃除等の場合の運転停止等）
第107条　事業者は、機械（刃部を除く。）の掃除、給油、検査、修理又は調整の作業を行う場合において、労働者に危険を及ぼすおそれのあるときは、機械の運転を停止しなければならない。ただし、機械の運転中に作業を行わなければならない場合において、危険な箇所に覆いを設ける等の措置を講じたときは、この限りではない。
2　事業者は、前項の規定により機械の運転を停止したときは、<u>当該機械の起動装置に錠を掛け、当該機械の起動装置に表示板を取り付ける等</u>同項の作業に従事する労働者以外の者が当該機械を運転することを防止するための措置を講じなければならない。
〈編注：下線は編者による〉

【参考】作業者の行動等に関する安全の取組みの概要

　労働災害を防止するためには、できるだけ機械安全として示した措置をとることが必要であるが、その場合でもリスクはゼロにはならない。

　このような残留リスクが広く受け入れ可能なものではないときは、暫定的なリスク低減措置が必要であり、管理的対策として「マニュアルの整備」や「教育訓練」を行うということになる。また、個人用保護具の使用という場合もある。

　災害の要因となる「不安全状態」や「不安全行動」に対して、危険予知（KY）活動、ヒヤリ・ハット活動、職場巡視、安全衛生ミーティング等の安全衛生活動による取組みも必要である。

　これらの取組みに関しては、次に留意して取り組むことが必要である。

ア　暫定的なリスク低減措置に関するルールの徹底等

　機械や作業の残留リスクに対し、暫定的なリスク低減措置に関することで次の中から何を行う必要があるかを決定し実施すること。

① 暫定的なリスク低減措置を順守する必要性の教育
② 作業手順書の設定と順守のための周知・教育
③ その他、作業者に対する教育・訓練
④ 個人用保護具の指定と使用等の徹底

イ　不安全状態、不安全行動を回避するための日常的な安全衛生活動等

　取組みとしては例えば、「4S活動」（または5S活動）、「危険予知（KY）活動」、「ヒヤリ・ハット活動」などがある。詳細は、第8章を参照。

危険性又は有害性等の調査及びその結果に基づき講ずる措置

●この章のポイント●

　職場では、作業者がリスクにさらされ、時として災害になることがある。この章では、職場のハザードを特定（洗い出し）し、作業者に及ぼすリスクを評価するリスクアセスメントについて、基本的な実施手順を再確認した上で、職長の職務に密接に関連する、①ハザードの特定、②「リスク低減措置」の「リスク低減効果」※、③暫定的なリスク低減措置の定期確認、に重点をおいて学ぶ。

※　「リスク低減措置」の「リスク低減効果」の考え方は、生産現場において、職長が中核的な役割を担う作業ルールの設定・順守が、作業を安全に行うためのリスクレベルの低減に重要な役割を果たしていることについての理解を促すために、「製造業における職長の能力向上教育に準じた教育のカリキュラムに関する検討委員会」において整理したものである。

1 事業者の責務と職長の役割

　事業者は、設備、原材料、作業方法、作業手順を新規採用または変更したときや、機械設備等の経年劣化や新たな安全衛生に係る知見の集積などにより、リスクに変化が生じたり、生じるおそれがあるときは、リスクアセスメント（危険性又は有害性等の調査）を実施し、その結果に基づいて、これを除去・低減する措置を講ずるよう努めなければならない、と定められている（安衛法第28条の2、安衛則第24条の11）。また、職場の安全衛生水準の向上のためには法令で定められた実施時期のほか、労働災害が発生した場合や前回の調査から一定期間が経過した場合などには、既存の設備や作業について計画的に実施することが必要である。

　職長は現場において危険・有害な場所や作業をもっともよく知り得る立場にいるだけに、リスクアセスメント実施には、職長の役割が重要な鍵になるといえる。

　なお、リスクアセスメントの手法は、危険予知（KY）活動の手法と似ている部分もある。しかし、その目的、考え方には大きな違いがある（**表4-1**）。リスクアセスメントは対象とする作業をあらかじめ選定し、その作業における危険性や有害性の特定を行い、広く受け入れ可能な程度にリスクを下げることを目的としている。KY活動は、今

これから行う作業に対して、作業者が自分たちでできる対策を考えて実行する。いずれもリスク等を見つけ出して検討し、対策に結びつけるものである。

表4-1 リスクアセスメントと危険予知（KY）活動の比較

項目	リスクアセスメント	危険予知（KY）活動
いつ？	・設備、原材料、作業方法の新規採用、変更時等 ・安全衛生計画に定めた実施期間	毎日または作業の都度
誰が？	作業者、監督者、管理者、専門知識を有する者	作業者、監督者
何を？	主に設備面の対策	主に行動面の対策
どのように？	・作業を思い起こしながら ・作業手順に従って	作業場で現物を確認しながら
	よく話し合う	即断即決
	数値化等をすることが多い	数値化しない

2 リスクアセスメントとリスク低減措置

（1）リスクアセスメントとは

リスクアセスメントとは、①ハザードを特定し、②リスクを見積もり、③そのリスクを低減するための優先度を設定し、リスクを低減させるための措置を検討し、④リスク低減措置を実施することを体系的に進める手法である。実施手順は、「危険性又は有害性等の調査等に関する指針」（リスクアセスメント指針）で定められている。

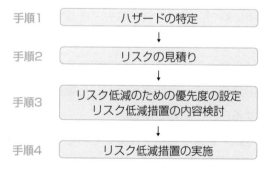

手順1　ハザードの特定
↓
手順2　リスクの見積り
↓
手順3　リスク低減のための優先度の設定
リスク低減措置の内容検討
↓
手順4　リスク低減措置の実施

（なお、このテキストでは、リスクアセスメント及びその結果に基づく措置をより有効に実施するため、手順4について、次のように、さらに詳細に述べる。
・手順4-1　現場におけるリスク低減計画の作成、実施
・手順4-2　リスク低減措置後の残留リスク管理（暫定的なリスク低減措置の実施と定期確認）
　ただし、リスク低減措置の実施の決定については、社内ルールに従い、管理者などの承認を得る必要がある。）

　リスクアセスメントは、安全衛生スタッフの協力を得て、ライン長（例えば課長）を責任者とし、職長が中心となり、全員で行うことが基本である。また、専門的な観点からのリスクアセスメントが必要な場合には、社内外の専門家の協力を得ることも考慮しなければならない。

【リスクアセスメントの意義と効果】

　リスクアセスメントを適切に実施し、本質安全化※に向けたリスク低減措置を講じていくと、確実に職場の安全衛生水準の向上に結びついていく。また、リスクアセスメントの導入により、次のような効果が期待できる。

---

① **リスクに対する認識を共有できる**
　リスクアセスメントは現場の作業者の参加を得て、管理監督者とともに進めるので、職場に存在するリスクに対する共通の認識を持つことができるようになる。

② **リスクに対する感受性が高まる**
　リスクアセスメントを実施することによって、リスクをリスクと感じる感受性が高まり、従前には見過ごしがちであったリスクにも十分対応できるようになる。

③ **本質安全化を主眼とした技術的対策への取組みができる**
　リスクアセスメントではリスクレベルに対応した安全対策を選択することが必要となるため、本質安全化を主眼とした技術的対策への取組みを進めることになる。特に、リスクレベルの高い場合は本質安全化に向けた安全衛生対策への取組みを進めることになる。

④ **安全衛生対策の合理的な優先順位が決定できる**
　リスクアセスメントではすべてのリスクを受け入れ可能なリスクレベル以下にするよう低減対策を実施するが、リスクの評価結果等によりその優先順位を決定することができる。

⑤ **費用対効果の観点から合理的な対策が実施できる**
　リスク低減対策ごとに緊急性と人材や資金など、必要な経営資源が具体的に検討され、費用対効果の観点から合理的な対策を実施することができる。

⑥ **残留リスクに対して「守るべき決めごと」の理由が明確になる**
　技術的、時間的、資金的にすぐにリスク低減ができない場合、必要な管理的な措置を講じた上で、対応を作業者の注意に委ねることになる。この場合、リスクアセスメントに作業者が参加していると、なぜ、注意して作業しなければならないかの理由が理解されているので、守るべき決めごとが守られるようになる。

※　機械のハザードを除去すること、すなわち人に危害を及ぼす原因そのものをなくすことが「本質安全化」である。踏切事故をなくすために踏切（平面交差）を立体交差に変えることが典型例である。

　なお、「ハザード」と「リスク」は異なるものである。ここでは、ライオンがハザードを表現している。災害は、ハザードと人の接触により発生するが、次ページの左のイラストでは、人がハザードに近付くことがないので、リスクは存在しない。

（2）ハザードの特定

① まず、ハザードを明らかにすることが必要である。
　「ハザード」は、作業者を負傷・疾病に至らせる潜在的根源であって、人にケガをさせる「物体」や「エネルギー」または「作業行動等によって生ずるもの」である。

ハザード	リスク

ここには人がいないので、ライオンに襲われることはない。（ハザードはあるが、リスクは存在しない状態）	ここには人がいるので、ライオンに襲われる可能性がある。（ハザードがあり、災害が発生する可能性がある状態）

　負傷・疾病の大きさは、ハザードの性状によって決まることが多い。そこで、大きな災害を引き起こしやすいハザードを事業場や職場で探し出し、それらが起因となり、どのような災害が発生するかを予想する方法がある。ここでは、分類されたハザードの例を知ることでハザードを見つけやすくすることについて学ぶ。

【ハザードの見つけ方】

　リスクアセスメント指針では、ハザードの分類に即して特定するものとして、**表4-2** のような分類例が示されている。

表4-2　ハザードの分類例

1　危険性 　① 機械等による危険性 　② 爆発性の物、発火性の物、引火性の物、腐食性の物等による危険性 　　「引火性の物」には、可燃性のガス、粉じん等が含まれ、「等」には、酸化性の物、硫酸等が含まれること。 　③ 電気、熱その他のエネルギーによる危険性 　　「その他のエネルギー」には、アーク等の光のエネルギー等が含まれること。 　④ 作業方法から生ずる危険性 　　「作業」には、掘削の業務における作業、砕石の業務における作業、荷役の業務における作業、伐木の業務における作業、鉄骨の組立ての作業等が含まれること。 　⑤ 作業場所に係る危険性 　　「場所」には、墜落するおそれのある場所、土砂等が崩壊するおそれのある場所、足を滑らすおそれのある場所、つまずくおそれのある場所、採光や照明の影響による危険性のある場所、物体の落下するおそれのある場所等が含まれること。 　⑥ 作業行動等から生ずる危険性 　⑦ その他の危険性 　　「その他の危険性」には、他人の暴力、もらい事故による交通事故等の労働者以外の者の影響による危険性が含まれること。 **2　有害性** 　① 原材料、ガス、蒸気、粉じん等による有害性 　　「等」には、酸素欠乏空気、病原体、排気、排液、残さい物が含まれること。 　② 放射線、高温、低温、超音波、騒音、振動、異常気圧等による有害性

> 「等」には、赤外線、紫外線、レーザー光等の有害光線が含まれること。
> ③ 作業行動等から生ずる有害性
> 　「作業行動等」には、計器監視、精密工作、重量物取扱い等の重筋作業、作業
> 態様によって発生する腰痛、頸肩腕症候群等が含まれること。
> ④ その他の有害性

（出典：解釈通達　平成18年3月10日付け基発第0310001号別添3より作成）

　なお、ハザードの分類や表記はいろいろな方法があり、指針でも、他の分類によることも差し支えないこととされている。例えば、事故の型別分類によるハザードの特定方法として、次の囲みの例示にあてはまるハザードがないかを確認する方法がある。

【明らかにするための例示：事故の型別分類によるハザードの洗い出し方法】
その作業方法、機械設備の取り扱い等で、
　・墜落・転落する危険はないか　　・転倒する危険はないか
　・激突する危険はないか　　　　　・飛来・落下してくる危険はないか
　・崩壊・倒壊する危険はないか、倒れる危険はないか
　・激突される危険はないか
　・はさまれ・巻き込まれる危険はないか
　・切れ・こすれの危険はないか　　・踏抜きの危険はないか
　・おぼれる可能性はないか
　・高温・低温物と接触することはないか
　・有害物と接触したり、中毒、火傷等することはないか
　・感電する危険はないか　　　　　・爆発する危険はないか
　・破裂する危険はないか　　　　　・火災が発生する危険はないか
　・交通事故（構内・路上）が発生することはないか
　・動作の反動・無理な動作による危険や腰痛のおそれはないか
　・連続して作業することで振動障害や腰痛などにならないか

　または、機械等による危険性に関しては、**図4-1**（62〜63ページ）のような例示を用いて確認してもよい。このうち、製造業の労働災害の事故の型で最も多い「はさまれ・巻き込まれ」災害に関係するものは、図の分類で、「押しつぶし」、「せん断」、「巻き込み」、「引き込みまたは捕捉」であり、事故の型の「はさまれ」に関係するものは「押しつぶし」と「せん断」に、事故の型の「巻き込まれ」に関係するものは「巻き込み」と「引き込みまたは捕捉」に分かれていることを理解しておくことが必要である。

　リスクアセスメントにおいては、ハザードを漏れなく抽出するのが最も大切なことであるが、一方で最も難しいことでもある。そこで、特に大きな災害が想定されるような重大なハザードについては、これらの表やリストを活用して、抽出漏れを極力防ぐように努めなければならない。そのための工夫例として**表4-2**の分類と前述（囲み）の事故の型別分類を対応させると**表4-3**のように整理できる。なお、対応する「機械、設備、物質、状態等」欄を自職場の内容に合わせておくと、さらに具体的な分類表として

活用できる。

　また、過去に発生した労働災害やヒヤリ・ハット等をハザードの特定時に活用することも大切である。

表 4-3　ハザードの分類と事故の型との対応

ハザードの分類	事故の型等	機械、設備、物質、状態等（例）
1　危険性		
①　機械、器具その他の設備による危険性	・はさまれ ・巻き込まれ ・切れ・こすれ ・激突され	・ロール機 ・プレス機
②　爆発性、発火性、引火性の物等による危険性	・火災 ・爆発	・有機溶剤
③　電気、熱その他のエネルギーによる危険性	・感電	・アーク溶接機 ・静電気
④　作業方法から生じる危険性	・墜落・転落、転倒、激突、飛来・落下、崩壊・倒壊、踏み抜き、無理な動作	・脚立
⑤　作業場所に係る危険性	・墜落・転落、転倒、おぼれ	
⑥　作業行動等から生じる危険性	・墜落・転落、転倒、激突、飛来・落下、崩壊・倒壊、踏み抜き、無理な動作	
⑦　その他の危険性		
2　有害性		
①　原材料、ガス、蒸気、粉じん等による有害性	・有害物等との接触	・有機溶剤 ・粉じん
②　放射線、高温、低温、超音波、騒音、振動、異常気圧等による有害性	・高温・低温の物との接触	・レーザー光線（レーザー加工機） ・酸素欠乏空気（タンク）
③　作業行動等から生じる有害性	・動作の反動・無理な動作	
④　その他の有害性		

②　リスクの見積りにつなげるためにハザードごとに、労働災害に至るプロセス（経緯、流れ＝ストーリー）を具体的に明らかにする。

　労働災害に至るプロセスは、ハザードを特定した上で、作業者の関わり方で、どの程度のリスクとなるかを表現する。そのために、いつ、誰が、どのようなときに、「ハザード」と接触し、負傷・疾病に至るのかという、「ハザードによりケガに至るプロセス」を具体的に表現することである。特に、災害の重大性（負傷・疾病の程度）は、ハザー

ドのエネルギーが影響を及ぼすので、その「エネルギーの大きさ」を明確にする（次の囲み参照）。

【労働災害に至るプロセスの表現の例とポイント】

A（作業者）が、台車で運搬中（どんな作業）、台車の部品箱に入れた金属材料（6箱、2列3段積み、1箱15kg）が崩れ（どんなハザード）、歩行者Bの（誰の）足に当たり（身体のどこ）、Bの足が骨折（どの程度のケガ）する。

⇒「ハザードのエネルギーの大きさ」は、例えば、高さ、重さ、温度、電圧、圧力（空気、油圧）、速度、有害性などから検討する。
⇒上の例では運搬物が金属材料のため骨折と判断しているが、発泡スチロールであれば、ケガをしないかもしれない。

なお、過去に発生した問題、表面化した問題（労働災害やヒヤリ・ハット）だけでなく、表面化していない問題（不安全状態と不安全行動：次の囲み参照。）を想定することが大切である。さらに、次のa～cの3点にも留意する。

a 危険感受性の向上

リスクアセスメントを実施するに当たり、危険感受性（危険を危険と感じる感性）を高めることが必要である。KY活動、ヒヤリ・ハット活動などの日常的な安全衛

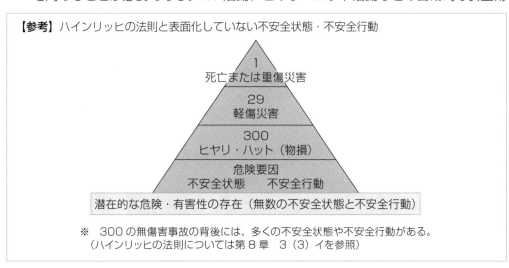

生活動は、危険感受性を高めることから、リスクアセスメントの実施にも役立つ。

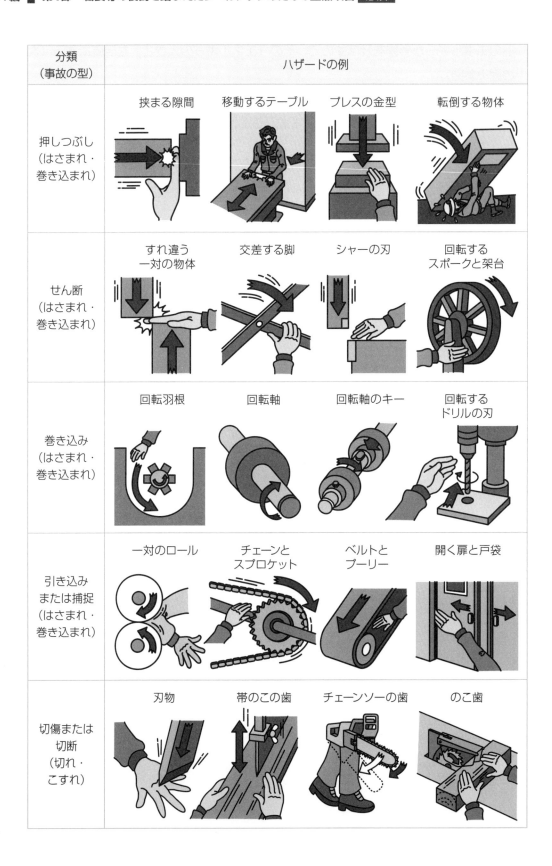

分類 (事故の型)	ハザードの例			
押しつぶし (はさまれ・ 巻き込まれ)	挟まる隙間	移動するテーブル	プレスの金型	転倒する物体
せん断 (はさまれ・ 巻き込まれ)	すれ違う 一対の物体	交差する脚	シャーの刃	回転する スポークと架台
巻き込み (はさまれ・ 巻き込まれ)	回転羽根	回転軸	回転軸のキー	回転する ドリルの刃
引き込み または捕捉 (はさまれ・ 巻き込まれ)	一対のロール	チェーンと スプロケット	ベルトと プーリー	開く扉と戸袋
切傷または 切断 (切れ・ こすれ)	刃物	帯のこの歯	チェーンソーの歯	のこ歯

分類 (事故の型)	ハザードの例			
衝撃 (激突され)	移動する物体	ロボットアーム	移動台車	移動テーブル
突き刺し または 突き通し (切れ・ こすれ、 飛来・落下)	回転するドリル刃	飛散する砥石の粒		ミシンの針
こすれ または 擦りむき (切れ・ こすれ)	粗面の回転体	ハンドグラインダーの回転砥石		回転研磨機
高圧流体の 注入 または噴出 (破裂、飛来 ・落下)	漏れた高圧油	目に噴射した高圧油	スプレーガンからの噴出物	

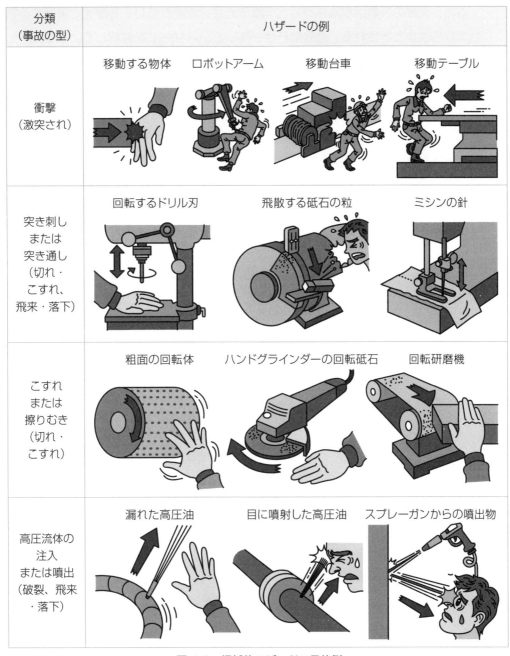

図4-1 機械的ハザードの具体例

(出典:中災防『厚生労働省指針に対応した労働安全衛生マネジメントシステム リスクアセスメント担当者の実務』、一部改変)

　なお、人間の行動は危険感受性と危険敢行性（危険と感じても敢えて実行する感性）から決まるとされる。危険敢行性が高いと、ハザードを理解していても、労働災害に至るプロセスを検討する際に除外してしまう可能性がある（ベテラン作業者に多いのでリスクアセスメント実施時に注意が必要）。

b　異常時における作業者の行動

　作業者は、定常作業時などは一定の注意作用が働いているが、機械設備や作業方法に異常が発生すると、過緊張の状態となり、注意作用が働かなくなる（囲み参照）。この心理状態に起因する労働災害に至るプロセスも明らかにする必要がある。

　そのために、過去の災害事例（職場内、社内に限らず類似災害を含め）から、機械設備や作業方法でいろいろな場面の異常を想定し、その際の作業者の行動を分析することが大切である。

【参考】 意識レベルの段階分け

フェーズ	意識モード	注意の作用	生理的状態	信頼性
0	無意識 失神	ゼロ	睡眠 脳発作	0
I	意識ボケ	不注意	疲労、単調、 いねむり	0.9 以下
II	ノーマル リラックス	心の内方に向かう	安静起居、休息時、 定常作業時	0.99 ～ 0.99999
III	ノーマル クリア	前向き 注意野も広い	積極的活動時	0.999999 以上
IV	過緊張	一点に凝集 判断停止	緊急防衛反応 慌て→パニック	0.9 以下

（橋本邦衛『安全人間工学』中央労働災害防止協会、一部改変）

---

c　ハザードにより災害に至るプロセスの理解

　次の例より、労働災害に至るプロセスの詳細を考えてみよう。

【労働災害に至るプロセスの詳細（例）】
　一例として、倉庫の2階床面に開口部があったとする。この場合、作業者が開口部から落ちれば負傷することから、ハザードは2階床面の開口部から1階床までの落差である。この開口部の周辺にプラチェーン製の簡易柵を設置して、さらに立入禁止表示をすれば、「作業者が2階床開口部から落ちる」という「危険事象」は発生しにくくなり、災害を防止する効果が期待できる。ただし、意図的にせよ非意図的にせよ、作業者が表示を無視し、ひとたびこの簡易柵の内側に立ち入ってしまえば、開口部から墜落する可能性があるので、容易に立入りが可能な簡易柵の設置や注意喚起の表示だけでは、安全衛生方策が十分に実施されたと考えることは難しい。
　また、たとえ「作業者が2階床開口部から落ちる」という「危険事象」が発生したとしても、例えば、作業者が墜落制止用器具を適切に使用していたり、開口部に安全ネットが設置されていたりすれば、災害に至らない可能性がある。このように、「危険事象」が発生しても、災害に至るか否かを最終的に分ける「回避の可能性」という判断要素がある。

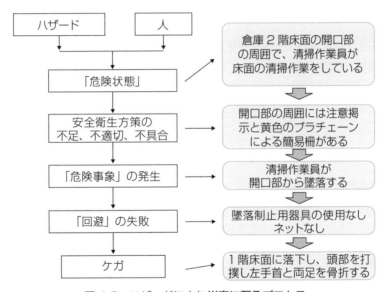

図4-2　ハザードにより災害に至るプロセス

　ハザードにより災害に至るプロセスの詳細を図示すると、**図4-2**のようになる。このプロセスのどこかで矢印を断ち切ることができれば、災害を防止することが可能になる。

（3）リスクの見積り

ア　リスクとは

　リスクは、「危険性又は有害性によって生ずるおそれのある負傷又は疾病の重篤度及びその発生の可能性の度合」と定義される。このそれぞれの要素により、リスクの大きさを見積もり、低減のための優先度の設定をする。

イ　リスクの考え方と3要素により見積もる方法

　中央労働災害防止協会では、アの「発生の可能性の度合」をさらに2つの要素（「危険状態が生じる頻度」、「危険状態が生じた時に災害に至る可能性」）に分けたうえで、労働災害に至るプロセスの順番に応じて並び替えた、「危険状態が生じる頻度」、「危険状態が生じた時に災害に至る可能性」、「災害の重大性」の3つの要素の区分でのリスクの見積りのやり方を紹介している。

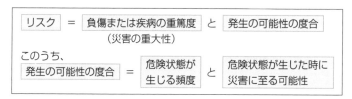

【参考】「ハザード」および「危険状態」の捉え方

　ハザードは、"恒久的に存在するもの"と"予期せずに現れ得るもの"の2つの状態が想定される。例えば、「両頭グラインダーの回転する砥石の側面を使って研磨したので、砥石にひびが入り、割れて飛んだ砥石が作業者の顔に当たり骨折する。」という事例では、予期せずに現れ得る「割れて飛んだ砥石」をハザードと捉えるのが一般的であるが、一方で、恒久的に存在する「回転する砥石」と捉えることもできる。いずれもハザードを正しく特定できたと考えてよいことになる。しかし、ハザードの捉え方が異なると、人がハザードにさらされる状態を表す「危険状態」の概念にも違いが生じることをしっかり理解しておくことが大切である。

　ハザードを「割れて飛んだ砥石」と捉えたときの危険状態は、作業者が割れて飛んだ砥石にさらされる状態なので、「作業中に砥石が割れて飛ぶ状態」となる。一方で、ハザードを「回転する砥石」とすれば、危険状態は「回転している砥石を使って作業する状態」となる。

　このように、ハザードの捉え方が異なっても、正しくそれぞれの危険状態を認識できれば、結果として正しいリスク見積りを行うことができるので心配する必要はない。

ウ　見積りの例

　数値化する方法、数値化しない方法などがあるが、各事業場などで設定されている方法について理解する必要がある。

【数値化する方法の例】

① 危険状態が生じる頻度の配点例

頻　度	点　数
頻　繁	④
時　々	2
滅多にない	1

② 災害に至る可能性の配点例

可　能　性	点　数
確実である	⑥
可能性が高い	4
可能性がある	2
ほとんどない	1

③ 災害の重大性の配点例

重　大　性	点　数
致命傷	⑩
重　傷	6
軽　傷	3
微　傷	1

④ リスクレベルに応じたリスク低減措置の進め方例

リスクレベル	リスクポイント	リスクの内容	リスク低減措置の進め方
Ⅳ	13〜20	安全衛生上重大な問題がある	リスク低減措置を直ちに行う 措置を行うまで作業を停止する
Ⅲ	9〜12	安全衛生上問題がある	リスク低減措置を速やかに行う
Ⅱ	6〜8	安全衛生上多少の問題がある	リスク低減措置を計画的に行う
Ⅰ	3〜5	安全衛生上問題はほとんどない	必要に応じてリスク低減措置を行う

```
頻度　＋　可能性　＋　重大性　＝リスクポイント     リスクレベルの決定
4点　＋　6点　＋　10点　＝　20点        ⇒        Ⅳ
```

（4）リスク低減措置の検討

リスク低減のための優先度は、リスクレベルの高い順に設定する。リスク低減措置の内容は、**図4-3**の優先順位に従って検討することとなるが、ここでは、「リスク低減措置」の「リスク低減効果」について、学ぶこととする。

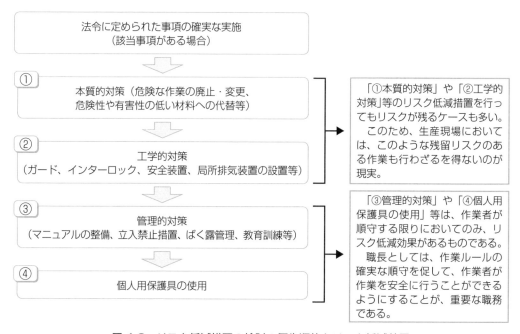

図4-3　リスク低減措置の検討の優先順位とリスク低減効果

ア　恒久的なリスク低減措置

リスクアセスメントの結果に基づく低減措置の中で、恒久的なリスク低減効果があるのは、①本質的対策（機械の自動化、遠隔操作可能化、危険な作業の廃止・変更等）、②工学的対策（機械のガードの設置、局所排気装置の設置等（**図4-4**））であり、この２つの措置が「恒久的なリスク低減措置」である。

この「恒久的なリスク低減措置」の実施後に残るリスクが「残留リスク」である。

「本質的対策」の考え方（例）

・角を丸くする
・突起をなくす
・自動化・遠隔操作可能化

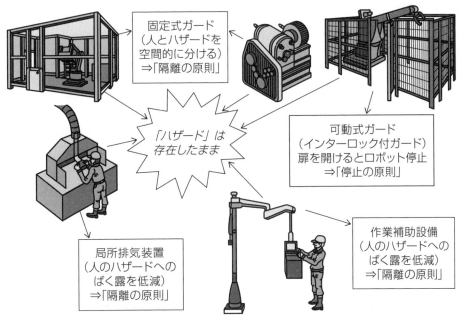

図4-4 工学的対策の考え方（例）

図4-5 管理的対策の考え方（例）

イ 暫定的なリスク低減措置

「残留リスク」のある作業を行うためには、「安全衛生上（多少の）問題がある」リスクレベル（リスクレベルⅡまたはⅢ）以下の作業となるように、リスクを低減させることを条件に作業を行う必要がある。

具体的には、残留リスクのある作業については、リスクを暫定的に下げるため

に、③管理的対策（作業手順書の整備、立入禁止措置、教育訓練、ばく露管理等（**図4-5**））、④個人用保護具の使用等の措置を行うことを条件に作業を行うことが必要であり、これが「暫定的なリスク低減措置」である。

ウ 「暫定的なリスク低減措置」の「リスク低減効果」

「暫定的なリスク低減措置」（③管理的対策、④個人用保護具の使用等）は、作業手順書の教育を行って順守を促すことや保護帽（ヘルメット）や保護眼鏡等の個人用保護具の使用を促すものである。

これらの措置については、その実施を作業者一人ひとりに依存することになるため、作業者のミスや作業ルール違反等により、100％の確実な実施が保証されるものではなく、実施しない場合は、元のリスクレベルに戻ってしまうため、リスクを恒久的に下げる効果まではない。

しかしながら、作業者が、この「暫定的なリスク低減措置」を確実に実施する限りにおいては、作業のリスクを暫定的に下げる効果が生ずるものであり、職長にとっては次項の役割が重要となる。

エ 「暫定的なリスク低減措置」に関する作業ルール順守と職長の役割

職長としては、リスクを暫定的に下げるために行う「暫定的なリスク低減措置」（③管理的対策、④個人用保護具の使用等）のルールの確実な順守を作業者に促すことが重要な役割である。

このため、職長は、作業者に対して、「暫定的なリスク低減措置」（③管理的対策、④個人用保護具の使用等）のルールを職場に周知・徹底するとともに、順守しているかどうかを定期的に確認するための方法や頻度を定めて、確実に順守するように指導・監督することが必要である。

【作業手順書等のルール設定（暫定的なリスク低減措置）の具体例】

事例
　高さ30cmの踏み台に上り、棚から部品を取り出そうとしたとき、身体のバランスを崩し、床面に落ちた際、足を骨折する。

リスク見積り			評　価	
頻度	可能性	重大性	リスクポイント	リスクレベル
2	4	6	12	Ⅲ

暫定的なリスク低減措置（作業手順書の作成）の実施とその効果
　高さ30cmの踏み台は、日常的にさまざまな場所で使用されていることから、工学的対策までは難しいため、安全に作業できる作業手順書を作成した上で、作業者に教育を行って、さらに

作業ルールの順守を条件に作業を行うこととする（「リスクレベルⅢ」→「リスクレベルⅡ」）。

暫定的なリスク見積り			評　価	
頻度	可能性	重大性	リスクポイント	リスクレベル
1	1	6	8	Ⅱ

暫定的なリスク低減措置の定期的な確認
　作業手順書を作成し作業者に教育を行ってルールの順守を促すという「管理的対策」（暫定的なリスク低減措置）は、当該ルールを順守して作業を行っている限りにおいてのみリスクレベルを下げるものであることから、作業者が正しい作業方法で作業しているか否かについては、1週間に1回程度、実際の作業を行っている状況を見て確認するなどの定期的な確認が必要である。

（5）リスク低減措置の計画・実行

　リスク低減措置の内容が決まると、いつまでに改善するのか具体的な改善計画を社内ルールに基づき関係者と協議し作成して、必要な措置が確実に講じられるようにする。措置が講じられたら、改めて、作業者を含めて措置後のリスクを見積もり（再評価）、講じた措置の有効性や改善効果も確認する。

　また、措置後も残るリスク、すなわち残留リスクがある場合についても、追加すべき措置があれば追加して実施する。作業者に対しては、残留リスクがある場合は、残留リスクに対する措置内容について教育訓練などを通じ、周知し徹底することが大切である。

　リスク低減措置の検討、実施等の流れを整理すると、次のようになる。

危険性又は有害性等の調査（リスクアセスメント）

重点実施事項の決定

実施計画（改善計画、リスク低減計画）の作成・改定

改善と再評価
再評価により、予定どおりリスクが低減したか・リスクの移転がないか等を確認する。

（6）暫定的なリスク低減措置の定期確認

　生産現場において、リスクが残る作業については、作業ルールの設定・順守により安全を確保する「③管理的対策」や「④個人用保護具の使用」により、リスクを暫定的に

低減することを条件に、作業を行うことが必要である。

　このため、職長は、このような安全を確保するための作業ルールについて、作業者に対して、繰り返し教育訓練を行って正しい理解を促すとともに、確実な順守を促すために、ルールの順守状況を定期的に確認するとともに、順守されていない場合は、よく話し合い、作業者の性格を考慮した態度教育を行うこと等の指導・監督が重要な職務である。

　この暫定的なリスク低減措置（作業手順書等の順守、個人用保護具の使用）の定期確認を行う頻度は、「作業のリスクの大きさ」や、「作業者のルールの順守状況」等によって異なるが、少なくとも、1週間〜1カ月に1回程度は行うことが必要である。

　特に、リスクの大きい作業について、「管理的対策」、「個人用保護具の使用」等を行うことを条件に作業を行っている場合は、毎日、確認を行う必要がある場合もある。

　具体的な「暫定的なリスク低減措置」の定期確認については、計画表を作成して管理を行うことが効果的である。

3　機械のリスクアセスメントとリスク低減の概要

　第3章「3 「機械安全」の考え方を参考に安全の基本を学ぶ」で述べたように、安全はリスクで評価する必要があることから、リスクアセスメントの実施は必須である。また、安全対策はまず機械の側でできるだけ行うことが基本である。このため、機械の安全は重要であるが、その基本は機械の設計および製造段階でできるだけ安全を確保することにある。

　ここでは、このような機械のリスクアセスメントに関係し、機械を使用するユーザーである職長として、どのようにこのリスクアセスメントに関わるべきかを概要として説明する。なお、機械のリスクアセスメント等については、国際規格を踏まえて厚生労働省から「機械の包括的な安全基準に関する指針」（以下「機械包括安全指針」という。）が示されている。

ア　機械のリスクアセスメント

　機械のリスクアセスメントは、次の表のようにまずは機械の設計・製造者（以下「機械のメーカー等」という。）でリスクアセスメントを実施し、必要により次のイの「保護方策の実施」によりリスクの低減を行うこととなる。

　機械のユーザーは、イの機械のメーカー等の「使用上の情報」の提供を受け、次の表のようにリスクアセスメントを行う。

　　使用上の情報は、機械のメーカー等が行う機械のリスク低減措置後も残留するリスクや使用上の注意事項等についての情報のことである。

機械のメーカー等
①　使用上の制限等の機械の制限に関する仕様の指定
②　機械に労働者が関わる作業におけるハザードの同定
③　それぞれのハザードごとのリスクの見積り
④　適切なリスクの低減が達成されているかどうかの検討

機械のユーザー
①　使用上の情報の確認
②　機械に労働者が関わる作業におけるハザードの同定
③　それぞれのハザードごとのリスクの見積り
④　適切なリスクの低減が達成されているかどうかおよびリスク低減の優先度の検討

イ　保護方策の実施（リスク低減における措置）

　　リスクの低減は、メーカー、ユーザーそれぞれにおいて、次の順で行う。

機械のメーカー等※
①　本質的安全設計方策の実施
②　安全防護および付加保護方策の実施
③　使用上の情報の作成

機械のユーザー
①　本質的安全設計方策のうち可能なものの実施
②　安全防護および付加保護方策の実施
③　作業手順の整理、労働者教育の実施、個人用保護具の使用等

※　メーカー側の①～③の措置は、「3ステップメソッド」と呼ばれる。

　　②の「安全防護」には、「隔離による安全（ガード）」、「停止による安全（インターロック）」がある。これについては、第3章4の「(2)ガードによる保護方策（隔離の原則）」および「(3)インターロックによる保護方策（停止の原則）」を参照されたい。

＜メーカー等によるリスク低減措置＞

　　機械メーカーによるリスク低減措置は、前述の3ステップメソッドで実施する。**図4-6**（次ページ）のようにまず「本質的安全設計方策」を実施し、次に「安全防護及び付加保護方策」を実施し、さらに残留リスクについて「使用上の情報」を作成してユーザーに提供するが、具体的な実施内容は図の右側に示したものである。

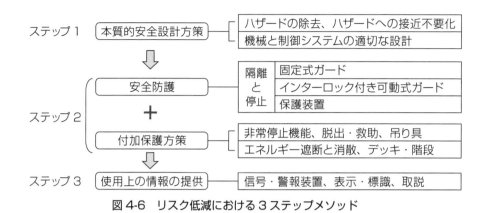

図4-6　リスク低減における3ステップメソッド

　なお、「安全防護」は、本質的安全設計方策によっては合理的に除去できないハザード、またはリスクを十分に低減できないハザードに対して、リスクの低減のために実施するものである。

　安全防護による方策を大別すると、次の2つになる。

　①　ガードの設置により人とハザードを空間的に分ける。（隔離の原則）

　②　保護装置の設置により人とハザードを時間的に分ける。（停止の原則）

　また、「付加保護方策」は、労働災害に至る緊急事態からの回避等のために行う保護方策で、本質的安全設計方策、安全防護および使用上の情報でないものをいう。非常停止ボタンはこれに該当する。

　付加保護方策はハード対策であるが、人が操作して、あるいは正しく使用して有効となる方策であり、安全防護とは一線を画するものである。しかしどの付加保護方策も機械設備には当然あるべきものであり、必須の項目といっても過言でない。

＜機械のユーザーによるリスク低減措置＞

　機械を労働者に使用させる事業者である機械ユーザーは、機械メーカーの使用上の情報および機械危険情報を入手し、改めてリスクアセスメントを実施し、事業者として実施すべき保護方策を実施したうえで、労働者が安全に作業を行えるようにすること。

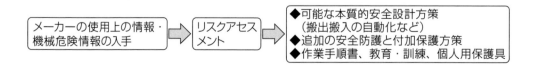

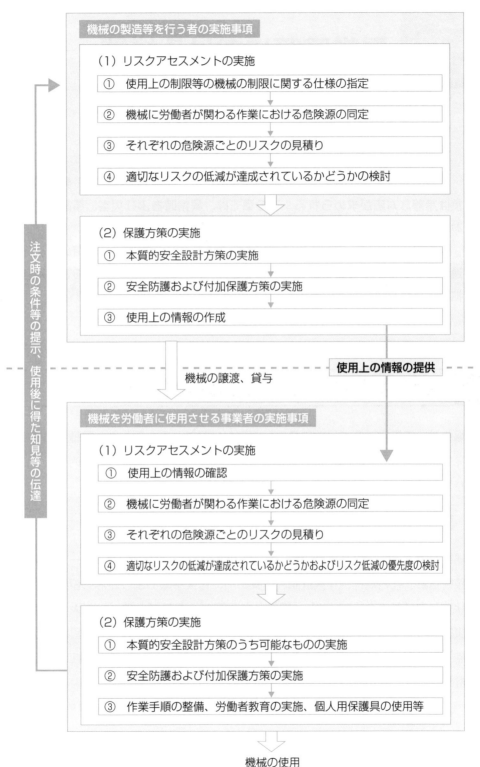

図 4-7　機械包括安全指針に基づく機械の安全化の手順
（平成 19 年 7 月 31 日付け基発第 0731001 号「「機械の包括的な安全基準に関する指針」の改正について」より、一部改変）

異常時等における措置

① 　異常時や災害発生時は、非定常的な対応となり頻度も少ないが、発生時は職長は冷静な対応が求められる。この章では、異常時および災害、事故発生時における職長の責務を再確認する。

② 　異常時や災害発生時は、迅速な対応を要するため、異常等発見時の連絡先や連絡ルート、手段をあらかじめ決めるとともに、職場で周知しておき、被害の拡大防止や適切な措置が行えるようにしておく。

1 異常時における措置と職長の責務

　職場において異常事態を早期に発見し適切な措置をとるとともに、同種類の異常が二度と発生しないよう再発防止の対策を講じることが、異常時の措置の目的であり、職長の責務である。

（1）異常の早期発見

　職場における作業環境、作業設備、作業方法および作業者の行動が「一定の基準（法規、技術指針、社内規程、作業計画、作業命令、作業手順および職場の習慣）からはずれた状態」を「異常」というが、「異常」を放置すると基準とのズレが大きくなり、事故や災害につながるおそれがある（**図5-1** 参照）。設備や道工具等の「異常」を早期に発見するために、使用前点検や定期点検等を行う。基準が数値で表されている場合には、計測値等を記録しておき、数値の変化を確認しておく必要がある。

（2）応急措置

　設備や道工具等に「異常」が発見された場合には、放置せず直ちに措置を行う※。「異常」の程度によって設備の停止や使用禁止、修理、交換等の処置基準を定め、基準に従って処置を行う。使用禁止にする場合には、誤って使用されないように表示等により

使用禁止であることが分かるようにする。

※　点検・修理時は、一人で行うことは避け、リーダーを明確にし、指示に従って作業する。また、まず電源を切り、第三者が誤ってスイッチを入れてしまわないよう、施錠や札掛け等を行う。

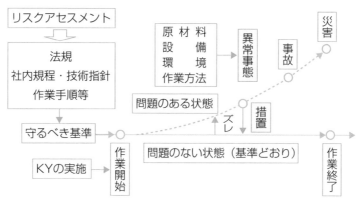

図5-1　異常事態と措置

表5-1　作業設備および作業環境の異常（不安全状態）の例

項　目	内　　容
設備の異常	①　装置および機器の安全装置の破損、機能の低下など ②　防護覆い、囲い、仮設物などの欠陥のほか、取外し、あるいは移動したまま放置された状態 ③　運転中の機械の異常な音、振動、熱、速度など ④　計器類の指針の異常な振れ、値 ⑤　操作中の機器類の不調 ⑥　警報機、破裂板などの作動不良 ⑦　停電、断水など ⑧　器具、工具、用具類の破損、異常な摩耗、腐食劣化 ⑨　換気装置の機能低下
環境の異常	⑩　作業環境の変化（異常な臭気、粉じん、ガス、煙などの発生、酸欠状態） ⑪　自然環境の変化（強風、大雨、大雪、雷、異常出水、土砂崩壊）
状態の異常	⑫　作業床に制限荷重以上の重いものを載せている状態 ⑬　取扱物質の漏れ、こぼれ、あふれ

表5-2　作業者の行動の異常（不安全行動）の例

項　目	内　　容
操作の異常	①　安全装置をはずしたり、無効にしたりして作業している ②　故障している作業設備を、そのまま使用している ③　運転しながら、機械の掃除、注油などをしている ④　必要な保護具を使用しないで作業している
動作の異常	⑤　不安定、ムリな姿勢や、危険な位置で作業をしている ⑥　職場で、飛び乗り、飛び降り、かけ足などをしている ⑦　合図および誘導の方法、位置が不適当なまま作業している
方法の異常	⑧　共同作業で統制がとれていない作業をしている ⑨　崩れそうになるまで、物を積み上げている ⑩　作業方法の欠陥（不適当な機械・装置の使用、不適当な工具・用具の使用、作業手順の誤り、技術的・肉体的無理など）

(3) 報・連・相

　「異常」を発見した場合は、いわゆる「報・連・相」（報告・連絡・相談）を直ちに適切なルートで行う。発見時の連絡や処置後の報告、対策の相談などを部下から受けたり、上司への報告等があるが、緊急を要する場合の連絡先や連絡方法はあらかじめ決めておき、周知しておくことが必要である。連絡、報告時には5W1Hで報告すると情報が整理されて伝わりやすい。

(4) 教育・訓練

　職場で発生した「異常」が放置されることのないよう、「異常」の早期発見、応急処置、連絡・報告方法については手順を決め、職場内に周知するとともに日頃から教育、訓練を行っておく必要がある。手順にもとづいて訓練を行った結果、見直しが必要な場合には直ちに見直しを行い、常に最新版としておく。

(5) 再発防止および予防措置

　「異常」が発生した場合には、同じ「異常」が発生しないように再発防止措置と、類似の装置等でも「異常」が発生しないように予防措置を行う。再発防止対策は原因が特定されないと的確な対策はできないが、自職場だけでは困難な場合もあるので、管理者等が行う原因究明に協力する。

2 災害、事故発生時における職長の責務

　職場において災害や事故が発生した場合は、人命尊重を重視し、直ちに適切な処置がとられるように日常から十分な理解と訓練が必要である。

（1）緊急措置

　災害や事故が発生した場合には、直ちに非常停止など緊急措置（救急措置を含む）をとること。緊急措置を行う際には、まず自身の安全を確保してから行動すること。

【緊急措置のために平素から留意すべき事項】
① 救急用具のある場所を明示しておくこと。
② 救急用具を点検し、常に使用できるよう整備しておくこと。
③ 職場ごとに救急・救護措置を行う者を決め、訓練しておくこと。
④ 酸素欠乏症またはガス中毒が発生するおそれのある職場は、救護者が用いる空気呼吸器・送気マスクなど呼吸用保護具の性能を定期的に点検しておくこと。
⑤ 被災者を搬送する医療機関をあらかじめ検討しておき、作業者に周知しておくこと。（但し、救急隊員の指示を優先すること。）

表 5-3　緊急措置に関連して必要となる措置

救急救命措置	心肺停止状態の傷病者の「心肺蘇生」「AED」「気道異物除去」の３つをあわせて「一次救命処置」という。救急車の現場到着所要時間は全国平均で約 10.3 分（消防庁「令和 5 年版 救急・救助の現況」）であるが、救命の可能性は時間の経過とともに低くなる（【参考】を参照）ため、救急車の到着を待たずに迅速な措置が必要となる。
立入禁止措置（現場の保存）	二次災害防止措置を行った後、災害調査のため現場の保存に努め、関係者以外の立ち入り禁止等の措置を行う。

【参考】 救命の可能性と時間経過（出典：日本救急医療財団心肺蘇生法委員会監修『救急蘇生法の指針 2020 市民用』へるす出版　2021 年）

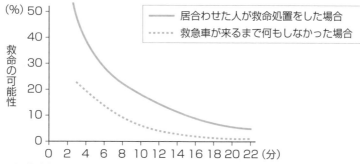

心臓が止まってから救急隊による電気ショックまでの時間（心室除細動例）

救命の可能性は時間とともに低下するが、救急隊の到着までの短時間であっても救命処置をすることで高くなる〔Holmberg M：Effect of bystander cardiopulmonary resuscitation in out-of-hospital cardiac arrest patients in Sweden. Resuscitation 2000：47（1）：59-70. より引用・改変〕

（2）連絡・通報

　災害や事故の発生状況および行った措置や経過を上司に報告すること。災害や事故の程度によっては、消防署への救急車や消防車の出動要請等外部へ直接連絡する必要がある。判断基準をあらかじめ決めておき、職場に周知しておく。

　事故や災害が発生した場合には、原因調査のため、現場保存に努めること。写真等で記録を残しておくと良い。

（3）教育・訓練

　災害や事故の発生時には、慌ててしまい平静を保つのは難しいが、判断を誤ると被害が拡大したり、措置が遅れたりするため、直ちに適切な措置がとれるように平素より作業者の教育・訓練に努めること。

【異常時等における連絡・通報】
　（2）および（3）に関連し、異常時等における連絡通報を適切かつスムーズに行うこと、これを訓練しておくことが重要である。
　異常時や災害発生時、事故の発生時などは異常等の程度によって緊急度合いや連絡先が変わる。自職場の機械装置の異常が発見された場合と作業者に重篤な症状があり、直ちに医療機関への搬送が必要な場合では連絡・通報内容が異なってくるので、連絡先、連絡ルート（次の例参照）等を決め、必要時にはすぐに対応できるように職場に掲示する等、職場に周知するとともに対応方法について日頃から訓練しておく。

【連絡ルートの例】

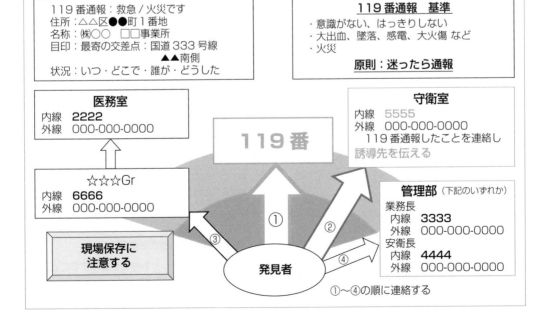

（4）再発および同種災害防止

　「異常」発生時と同様、管理者等が行う災害や事故の原因究明に協力し、再発防止措置を実施すること。災害や事故が発生した装置や作業と類似のものがある場合には予防措置を行う。

災害発生時の措置

第6章　部下に対する指導力の向上（リーダーシップなど）
必須

●この章のポイント●

　職場の安全衛生を確保するためには、労働災害防止に関する知識、ノウハウに加えて、部下（作業者）に対して的確な指導・監督を行うことができるよう、指導力を向上させていく必要がある。このため、①部下に対する作業指示や作業の進捗管理、②上司・部下との円滑な「報・連・相」やチームワークのとれた職場づくり、③部下へのモチベーションアップ、④メンタルヘルス不調の早期発見とその対応等を的確に行い、部下に対する指導を確実に果たすことが重要である。

　トップ方針の伝達具合いやチームの総合力の発揮の程度は、チームの要となる職長の指導力によって大きな差が出てくる。そこで本章では、「職長が日頃からどのようなことを意識し、学び、実践していけば、指導力向上につながるか」について、基本的な事柄を説明する。

1 職長のリーダーとしての役割

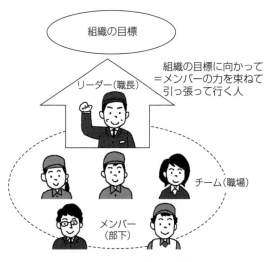

図6-1　リーダーの役割

　職長の役割としては、「部下と目標を共有」した上で、「目標達成への道筋」を示し、「その達成状況を管理項目によって確認・把握」し、「チームの役割・責任を果たす」という「リーダー」としての役割が重要である。すなわち、職長は、チームを組織の目標に向かって、統率していく「リーダー」である（図6-1）。

「リーダー」のタイプとしては、「統率型リーダー」と「支援型リーダー」とがあり、状況に応じて、両者を使い分けながら、「メンバー」を組織の目標に向かって導いていくことが必要である（**図6-2**）。

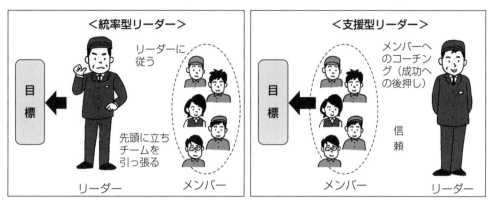

図6-2　統率型リーダーと支援型リーダー

（1）リーダーシップ

リーダー（職長）に求められる能力は多岐にわたる（**図6-3**（次ページ））。さまざまな場を経験していくことで積み上げられる知識や能力の必要性、安全に対する姿勢を学ぶことができる。職長自身がリーダーシップのある行動を示すためには、職長自身が仕事について「目的・目標・手段」の3つの関係を深く理解しなければならない。また「リーダーシップを高める取組み」を実施していくことが、部下のモチベーションを高め、お互いの信頼関係につながっていく（**表6-1**）。

表6-1　リーダーシップを高める取組み

①　方針、目標を示す
②　何が重要か、自分の考えをハッキリとした態度で示す
③　部下全員の役割分担と責任、権限を明確にする
④　解決を要する問題に集中し、果敢に解決に向けて努力する
⑤　部下全員の参加を求め、一人ひとりの貢献を認め、激励し、賞も検討する
⑥　成果に対し感謝の気持ちを表し、チームの成功を全員で分かち合う
⑦　問題解決には部下と一緒に取り組み、建設的な意見を述べる
⑧　自信を持って自己を主張し、粘り強く交渉し相手を動かす

図6-3　リーダーシップ

(2)「リーダー」としての「ヒューマン・スキル」の重要性

　職長が「リーダー」の役割を果たしていくために求められる能力としては、「ヒューマン・スキル」（対人関係能力）が重要である（**図6-4**）。

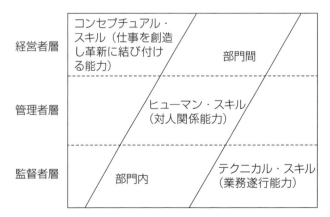

図6-4　役職に応じ必要とされる能力（出典：Robert L. Katz（1974））

「ヒューマン・スキル」を磨いていくためには、「リーダーシップ」、「コミュニケーション」、「コーチング」等について学習し、身に付けていく必要がある（**表6-2**）。

表6-2　リーダーに必要な5つの能力

必要な能力	概　要
リーダーシップ	指導者としての能力を発揮することで、組織の目標達成と安全を確保することが可能となる。
コミュニケーション	日常業務を確実に遂行し、部下とのコミュニケーションを重視することで、安心・安全な職場づくりを実現する。
コーチング	優良な職場づくりのための教える技術が大切である。
部下へ〝改善に気づかせる能力〟	改善すべきところに気づくためには日頃の教育が必要である。積極的に改善を進め、より安全な職場づくりを推進する。
自ら改善でき、部下を褒めて育てる	まずリーダー自身が「気づき」のスキルを身につけ、改善を実践することで部下の士気を高める。

（3）組織目標を達成することができるチーム（職場）づくり

組織目標を達成することができるチーム（職場）づくりのため、職場の「リーダー」

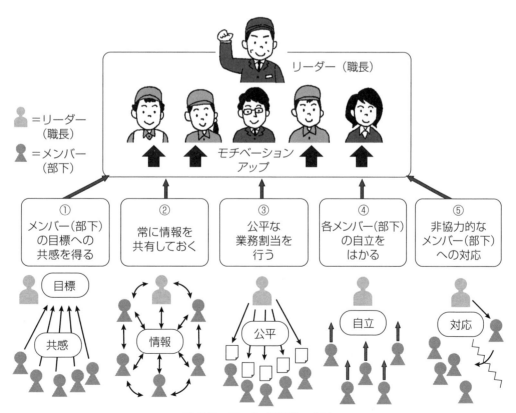

図6-5　チーム（職場）づくり

としての職長の姿勢としては、「部下の目標への共感」、「情報の共有」、「公平な業務割当」、「各作業者の自立」等が重要である（**図6-5**）。

　また、労働災害・事故を起こさないために、円滑な現場のチームワークが求められる。そのためチームを率いる職長のリーダーシップ等の能力は非常に重要である。信頼できる職長の下で、部下とのコミュニケーションがうまくできていれば、お互いを守る気持ちが定着し、安心・安全な職場となる。

（4）部下への動機づけ

　仕事を通じた部下の育成のためには、部下の「持ち味を活かす」、「感情の機微を知る」、「長い目で見る」、「個人の中期・短期目標をたてる」、「気づきを促す」等の部下への動機づけ（**図6-6**、**図6-7**）と方向づけ（**図6-8**）が重要である。

	動機づけ要因	効果・特徴
モチベーション（内発的動機づけ） 	・仕事のやりがい　・自己実現など	▶長期的で継続性が高い　▶自立性が高まる　・仕事に対し積極的に取り組むチャレンジ姿勢が高まる　・技術習得など成長への意欲が高まる
インセンティブ（外発的動機づけ） 	・給与などの金銭的な報酬　・人間関係など	▶効果はあるが、一時的で長続きはしにくい　▶目先の損得へのこだわりが強い　▶繰り返しにより効果は低減し易い

動機づけの要因には、モチベーション（心の中からの内発的要因）とインセンティブ（外からの外発的要因）とがあり、両者の特徴を活かして活用することが重要である。

図6-6　動機づけ要因

やれば **デキそう** が **大切！**

動機づけの強さ ＝ **成果獲得の可能性** × **成果の魅力**

方策	獲得の可能性を高める	成果の魅力を高める
具体策	・目標計画で段階的に詳細化する　・支援策を確保する	・チャレンジ項目を自身で決定する　・新たなスキルを習得する

図6-7　動機づけの強さ

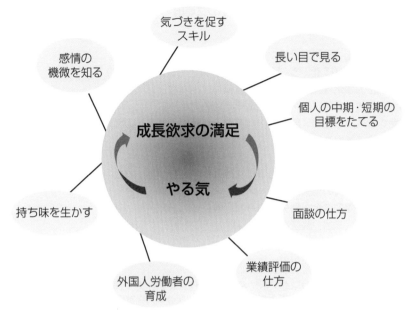

図 6-8　部下へのさまざまな手法による働きかけ

2　メンタルヘルス不調の早期発見とその対応

　メンタルヘルス不調になると、仕事の能率が低下したり、欠勤、遅刻等により的確に職務を行うことができなくなったりする。また、集中力や注意力の低下による事故やトラブルにもつながりかねない。職長は、これらのことを十分認識した上で、日頃から部下の勤務状況や行動、表情などに目を配り、いつもと違う部下（メンタルヘルス不調）に気づいた時に適切な対応ができるようにする。

（1）職場のメンタルヘルスケア（4つのケア）における職長の役割

ア　ストレスと健康

　ストレスとは「日常生活の中で起こるさまざまな変化（刺激）とその変化（刺激）による心身の反応」のことで、その刺激のことを「ストレス要因」（ストレッサー）、変化（刺激）による反応を「ストレス反応」という。働く人のストレス要因は仕事だけではない（次ページの囲み参照）。

　ストレスは決して悪者ではなく、適度なストレスはモチベーションを高め、達成感が得られるなど個人の成長を促す。

　一方でストレスが過度になり適応できなくなるとイライラや不安という心理的な反応や食欲不振、不眠といった身体的な反応が現れる。さらにストレスが増大したり、

ストレス要因

① **職場での要因**
・仕事の量の変化（長時間労働、過重労働など）
・仕事の質の変化（IT化、システムの変更、責任の重い仕事など）
・役割・地位の変化（昇進、降格、配置転換、出向など）
・仕事上の失敗・トラブル・損害や法律問題の発生
・人間関係の問題（上司・部下間、同僚間、部署間、顧客との関係、ハラスメントなど）
・仕事の適性（能力や性格など）

② **職場以外での要因**
・自分の出来事（病気、家庭内の不和、隣人とのトラブル、事故、災害など）
・家族、親族、友人の出来事（死、病気、介護問題、非行など）
・金銭問題（多額の借金・損失、ローン、収入減など）
・住環境の変化（転居、騒音など）

③ **個人要因**
・性別・年齢・性格・生活習慣・病気・事故など

（出典：「こころのリスクマネジメント〈管理監督者向け〉—部下のうつ病と自殺を防ぐために—」
産業医科大学産業生態科学研究所精神保健学研究室編　中災防発行　2016年）一部改変

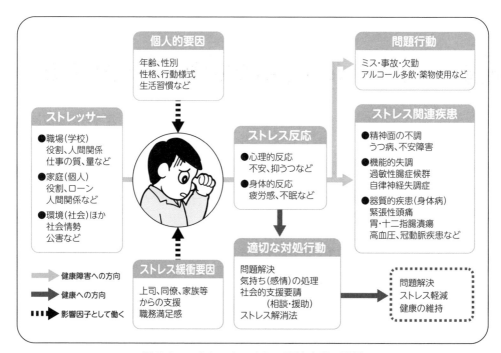

図6-9　ストレスとストレス関連疾患の関係
（出典：「こころのリスクマネジメント〈勤労者向け〉—あなたとあなたの周囲の人のために—」
産業医科大学産業生態科学研究所精神保健学研究室編　中災防発行　2018年）

高ストレスの状況が長く続くとうつ病や胃・十二指腸潰瘍といったストレス関連疾患
等で健康を損なうことになる（**図6-9**）。

　最近の社会・経済情勢を反映し、就業環境、就労条件、労働内容が急速に変化して

おり、職場におけるストレス要因が増加し、そのストレス反応として心身両面の健康を損なう労働者が増加していると考えられる。精神障害等に係る労災請求件数、支給決定件数とも急激に増加している（**図6-10**）。

　メンタルヘルス不調はある日突然に起こるのではなく、いろいろな原因が複合的に絡み合い、適切に対処できないことで発症する。これに対して早く気づき、対処することが大事であるが、自分自身もなかなか気づかずに、そのまま放置してしまったりすることで状態を悪化させてしまう。このような状況を防ぐには、「いつもの自分の体調」と自分自身にストレスがかかった時にいつも出てくる反応（ストレスサイン）を知っておくことである。

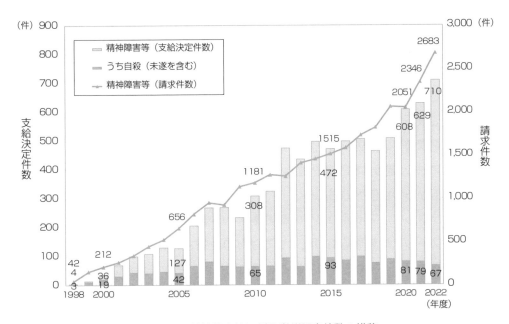

図6-10　精神障害等に係る労災認定件数の推移
（資料：厚生労働省「過労死等の労災補償状況」）

イ　4つのケア

　「労働者の心の健康の保持増進のための指針」（平成18年3月31日　健康保持増進のための指針公示第3号。改正：平成27年11月30日同指針公示第6号）が厚生労働省から公表されており、この指針に基づき、事業者は職場におけるストレス要因によって引き起こされるメンタルヘルス不調（神経症、心身症、うつ病等）に対して組織として計画的、継続的に取り組むことが求められている（**図6-11**）。

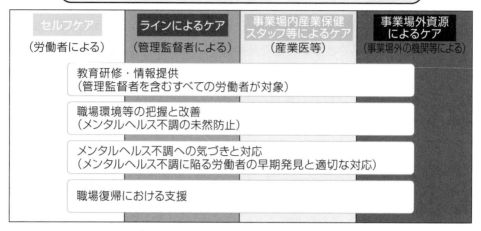

図6-11 ４つのケア

その中で、日頃から作業者と接する現場の管理監督者には「ラインによるケア」として、主に以下の４つの役割が示されている。

① 職場環境等の問題点の把握と改善

② 「いつもと違う」部下の把握と対応

③ 部下からの相談への対応

④ メンタルヘルス不調の部下の職場復帰への支援

職場のストレスは管理監督者によってかなり左右されることがあることから、「ラインによるケア」は極めて重要である。特に職長は、日々作業者に接して、作業者の心身の健康状態やその変化を知ることができ、直接作業の指示や命令を行うことから現場の監督者として「ラインによるケア」を行う立場にある。そこで求められるのは、特に、②の役割のうちの「部下のストレスサインへの気づき」と、「上司（管理職）等への取次ぎ」である（（2）を参照）。

（2）いつもと違う部下への気づきと上司（管理職）等への取次ぎ

ア 日常的に部下と接する現場の職長が行うケア

現場でのメンタルヘルスケアの第一歩は、作業者自らが可能な限り心やからだに生じるストレス反応に気づくことであり、気づいたならば早期に対処することである。そのためには、作業前に健康状況の自己チェックをしてもらい、体調が思わしくなければ申告するよう促す必要がある。しかし、一人で抱え込み、申告も相談もしないと周囲も気づかないことになり、そのまま状態を悪化させてしまうことになる。休む日

が多くなり、職務に支障が出てきて、初めて周囲も気づくということがある。

　このような事態を招かないためにも、職長は日頃から部下である作業者の一人ひとりの健康状況をよく観察することであり、「いつもと違う」部下に気づくことが大事である（囲み参照）。

「いつもと違う」部下の様子（例）
- 遅刻、早退、欠勤が増える
- 休みの連絡がない（無断欠勤がある）
- 残業、休日出勤が不釣合いに増える
- 仕事の能率が悪くなる。思考力・判断力が低下する
- 業務の結果がなかなかでてこない
- 報告や相談、職場での会話がなくなる（あるいはその逆）
- 表情に活気がなく、動作にも元気がない（あるいはその逆）
- 不自然な言動が目立つ
- ミスや事故が目立つ
- 服装が乱れたり、衣服が不潔であったりする

（出典：「事業場内メンタルヘルス推進担当者 必携」中災防　2021年）

イ　職長の具体的アクション

　メンタルヘルス不調で誰でも気づきやすく、分かりやすいのは、例えば以前と比べて遅刻が多い、顔色が良くない、口数が少ない、身だしなみが乱れてきた、昼休みに一緒に食事に行かなくなった、仕事の能率低下やミスが目立つなどである。このような徴候については、朝の作業者同士の「あいさつ」、「話しかけ」時の表情にも、その人の心の健康状態が投影されていることが多い。このようなことから、始業時のミーティングで部下の一人ひとりの健康状況をよく観察したり、問いかけたりすること（健康KY）が健康管理上重要であり、「いつもと違う」への気づきにつなげられる。

　特に大事な問いかけは、職長が気づいた「いつもと違う」部下の様子、出来事について聞くことである。「遅刻が多くなったが何かあったか」「休み時間に一人でいることが多いがどうした」、というように気になった出来事についてその理由や要因を聞くことである。さらに「よく眠れているか」、「おいしく食べられているか」、「体調はいいか」もメンタルヘルス不調の予兆となる反応に関する問いかけである。

　なお、職長がラインによるケアを行う場合には、個人のプライバシーに十分に配慮するとともに、「本人の気づきを援助する」レベルにとどめ、自分の手に負えないと思った場合は、直ちに上司につなぐことが大切である。「いつもと違う」部下は、その背後に病気が隠れていることが少なくないので、産業医などと連携して対応することが大切である。ただし、産業医などとの仲介役を担うことは職長の役割ではない。行う

べきことは「いつもと違う」部下に気づいたら、速やかに上司に連絡し、相談することである。見て見ぬふりをしてしまったり、何とか解決してあげようといつまでも抱え込んだりしてはならない（**図6-12**）。

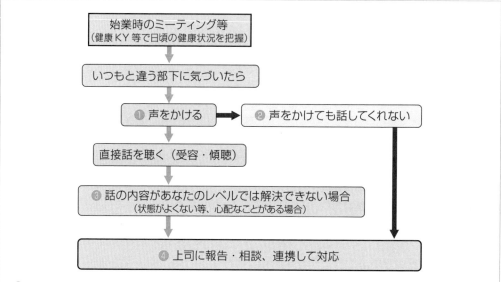

① いつもと違う部下の様子に気づいたら、「最近元気がないけど、どうしたの」と問いかけ、話を聴く。
② 「大丈夫です」などとしか言わず、話をしてくれないときには、何とか解決してあげようといつまでも抱え込んだりしないで、「あなたのことが心配だから」と告げて、職長が上司のところへ報告に行く。
③ 話を聴いた上で、あなたのレベルでは解決できない場合は、上司に報告・相談し、必要に応じて連携して対応する。
④ 上司は職長からの報告を受けたら、睡眠や食欲、体調などを確認し、状態がよくない等、心配なことがある場合には、産業医や相談機関につなぐ。

図6-12 日頃の気配りと「いつもと違う」に気づいた時の対応

関係法令に係る改正の動向

1 労働安全衛生法令の仕組み

　法令は、法、政令、省令などを含めた総称である。労働安全衛生関係の法令は、労働災害を防止し、健康の保持増進を図るために、事業者が行わなくてはならないことについて規定している。労働安全衛生法で大枠を定め、対象となる範囲や具体的な実施事項については政令・省令で定めている。より細かいことについては、告示や指針で示している。

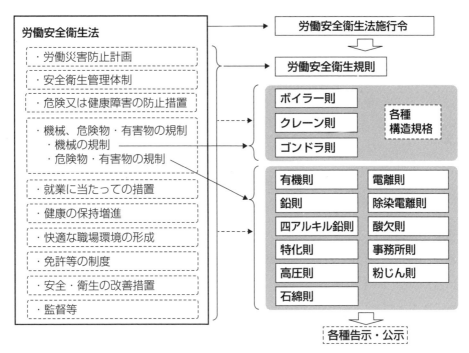

図 7-1　労働安全衛生法令の関係

2　近年の法令改正

近年（令和元年以降）の法令の改正には、次のようなものがある。

ア　安全関係（規制緩和・強化）
① 　個別の労働災害防止対策の強化
　・足場からの墜落・転落災害の防止
　・荷役作業時の危険防止
② 　機械等の規制（規制緩和）
　・構造規格の改正（簡易ボイラー等構造規格）

イ　労働衛生関係（規制強化）
① 　個別の健康障害防止対策
　・職場における労働衛生基準の見直し
　・労働時間の改善
　・「騒音障害防止のためのガイドライン」の改正（通達）
② 　化学物質関係（規制緩和・強化）
　・金属アーク溶接等作業における健康障害防止措置の義務化
　・石綿による健康障害の防止
　・歯科検診結果報告の義務化
　・化学物質の自律的な管理への対応

ウ　全般
① 　技術の普及への対応
　・労働者死傷病報告等の電子申請の原則義務化

　法令改正が行われると、具体的にどのような内容になるのか、周知のためのリーフレットが作られる。リーフレットの電子媒体（PDFファイル）は厚生労働省ウェブサイトからダウンロードできる。
　また、大きな制度改正では、厚生労働省ウェブサイトに特設ページが設けられる。

（1）安全関係の法令改正

労働災害防止のため、随時、既存の規制が見直されている。また、外国での製造の分業化や人の行き来、特殊な作業の従事など、社会の多様化の中でも、安全を確保したうえで柔軟な対応ができるような改正が行われている。

ア　個別の労働災害防止対策の強化

（ア）足場からの墜落・転落災害の防止
・一側足場の使用範囲の明確化、足場の点検時には点検者の指名が必要、足場の組立て等の後の点検者の氏名の記録・保存が必要になる（R5.3.14）

（イ）荷役作業での危険の防止
・最大積載量２トン以上５トン未満の貨物自動車において、荷役作業時の昇降設備の設置および保護帽の着用が義務化（一部例外あり）、テールゲートリフターを使用して荷を積み卸す作業への特別教育が義務化、運転席から離れてテールゲートリフターを使用する際に原動機の停止義務が除外（R5.3.28）

（ウ）高圧ガスによる災害の防止
・燃料電池自動車等の規制の一元化、認定高度保安実施者認定の有効期間の設定（R5.9.6）

（エ）ボイラーおよび圧力容器の取り扱いにおける危険の防止
・自主検査の結果を性能検査に活用することを認める、移動式第一種圧力容器の取り扱いを明示的に規定（R5.3.27）
・電気ボイラーの伝熱面積算定方法の見直し、高圧ガス保安法等の改正に伴う規定の整備（R5.12.18）

イ　機械等の規制

（ア）構造規格の改正（規制緩和）
・一定の規格以下の木質バイオマス温水ボイラーを簡易ボイラーとする等（R4.2.18）

（2）労働衛生関係の法令改正

ア　個別の健康障害防止対策

（ア）職場における労働衛生基準の見直し
・作業面の照度基準の引き上げ、独立個室型便所の位置づけの規定、作業場に備え

なければならない救急用具の具体的品目の規定を撤廃（R3.12.1）

・空気調和設備を設けている場合の室温の努力目標値を18度以上28度以下とする（R4.3.1）

（イ）労働時間の改善

・自動車運転者の時間外労働の上限を原則月45時間・年360時間、臨時的特別な事情がある場合でも年960時間とする（R4.12.23）

（ウ）騒音障害の防止

・騒音障害防止対策の管理者の選任、騒音レベルの新しい測定方法（個人ばく露測定と推計）の追加、聴覚保護具の選定基準の明示、騒音健康診断の検査項目の見直し（R5.4.20）

イ　化学物質関係

（ア）金属アーク溶接等作業における健康障害防止措置の義務化

・溶接ヒュームが特定化学物質として規制の対象に（R2.4.22）

・金属アーク溶接等作業主任者限定技能講習の新設（R5.4.3）

（イ）石綿による健康障害の防止

・事前調査の義務化、工事開始前の労働基準監督署への届出、除去工事終了後に隔離を解く前に資格者による取り残しがないことの目視による確認の義務化、作業の実施状況等の写真等による記録の義務化等（R2.7.1）

・工作物に対しても資格者による事前調査が義務化（R5.1.11）

（ウ）歯科検診結果報告の義務化

・有害な業務に係る歯科検診結果報告の義務化（R4.4.28）

（エ）化学物質の自律的な管理への対応

・事業者が、リスクアセスメントの結果に基づき、ばく露防止のための措置を適切に実施する制度の導入（R4.5.31）（主な改正内容は119ページの**表8-6**参照）

（オ）防毒機能を有する電動ファン付き呼吸用保護具の型式検定化

・防毒用電動ファン付き呼吸用保護具を型式検定および譲渡等制限を受けるべき機械として追加（R5.3.27）

（3）全般

ア　技術の普及への対応

（ア）労働者死傷病報告等の電子申請の原則義務化

・労働者死傷病報告等の電子申請の原則義務化、報告内容の改正（R6.3.18）

イ　安衛法の保護対象の拡大

（ア）安衛法第22条に規定する健康障害防止の保護対象を拡大

・危険有害な作業の一部を請け負わせる一人親方等や同じ場所で作業を行う労働者以外の人に対しても一定の保護措置の実施を義務化（R4.4.15）

（イ）安衛法第20条、21条に規定する災害防止の保護対象を拡大

・危険な作業を行う場所において、他の作業に従事する一人親方等の労働者以外の者に対しても労働者と同等の保護措置（場所の管理権原に基づく立入禁止や退避等に係るものに限る）の実施を義務化（R6.4.30）

第2部 専門項目 選択

能力向上教育のカリキュラムにおいて、学科教育は「基本項目（必須）」と「専門項目（選択）」に分けられています。

「専門項目（選択）」では、必要に応じて、以下の専門的な安全衛生教育を選択して行うこととしています。（選択の単位は、「章」単位ではなく、「節」（章のひとつ下の階層）単位でも選択できることとなっています。）

　　1．事業場における安全衛生活動
　　2．労働安全衛生マネジメントシステムの仕組み
　　3．部下に対する指導力の向上（コーチング、確認会話など）

本テキストの第1編第2部の各章は、これらの教育項目に対応しています。
必要に応じて選択し学習してください。

事業場における安全衛生活動

●この章のポイント●

① 職場の安全衛生実行計画は、職場の問題を解決する安全衛生活動の計画であり、かつ、事業場の安全衛生方針や安全衛生計画等と整合するものである。職長は、その作成・推進に重要な役割を担っている。

② 職長による職場巡視は、職場の作業者がケガをしたり疾病にかかったりしないことを第一の目的とする。職場巡視を『職場巡思』の考え方で実施し、作業者との会話を基本に『コミュニケーション』をとり、『人・社会人・企業人・職場の大切な仲間』として、成長を促しサポートし、育てる気持ちで実施する。

③ その他、日常的な安全衛生活動、化学物質の管理等、メンタルヘルスケアについて、職長として知っておくべき事柄を学習する。

1 安全衛生実行計画の作成

（1）職場の安全衛生実行計画とは

ア 職場の安全衛生活動と安全衛生実行計画

　安全衛生活動が活性化すればするほど作業者は自分の職場における問題点、不具合な点を数多く見つけることができる。さらに、多くの問題点を抽出・発見すればするほど効率的に解決するための計画の策定が必要となる。この計画が、職長にとって具体的に活動を推進するうえで重要であり、職場で実施する活動の計画となる。職長は、この計画の意義を十分に理解し、確実に推進する力をつける必要がある。

（ア）安全衛生実行計画は全員参加で推進

　安全衛生実行計画は、職場の問題を解決する仕組み（PDCA）をつくり、全員が参加できるように役割分担を明確にし、職場の小集団活動（グループ活動）なども活用して事業場が組織一丸となって推進する必要がある（**図8-1**）。作業者一人ひとりが参加することにより、**表8-1** のような喜び、効果を生むことが期待でき

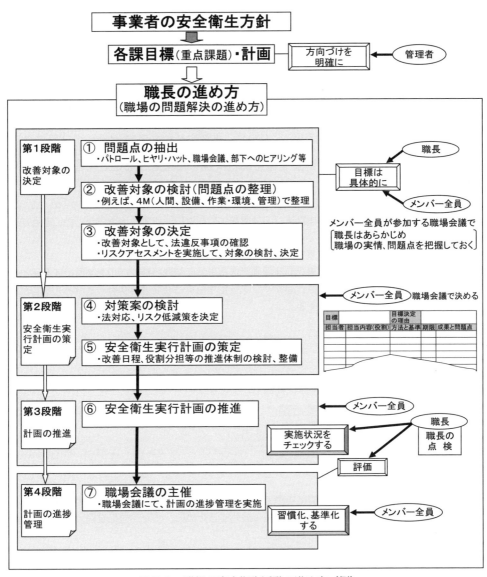

図 8-1　職場の安全衛生活動の進め方（例）

表 8-1　作業者の喜び、派生効果

• ケガや病気から身を守る喜び	⇒自己防衛
• 集団の一員として認めてもらう喜び	⇒集団参加
• 自分の意見が述べられる喜び	⇒自己主張
• 役割を分担して体験できる喜び	⇒役割意識
• 話し合うことにより勉強できる喜び	⇒自己啓発

ると同時に、新たな活動への「動機づけ」にもつながる。

（イ）安全衛生実行計画の推進に当たり職長が留意すべき事項

小集団活動は職長が中心となって推進していくこととなるが、その代表的なものに、ゼロ災運動、危険予知活動、QC活動、TPM活動がある。これらの活動は、職場の問題を解決するために、4段階（事実の確認－問題点の抽出－原因の確定－対策の樹立と実施）の手順を踏んで進め、全員が参加する職場中心の活動である。

職長が小集団活動により、安全衛生実行計画の推進をするときに留意すべき事項は、次のようなものである。

- ・作業者の活動への参加はさまざまな喜びの効果を生むだけに、作業者の欲求がどこにあるかをよく知ること。
- ・活動内容の職場内での価値、位置づけ等、そのニーズを明確にすること。
- ・活動は計画的に実施し、活動成果を必ず評価できるように到達目標レベルを明確にすること。
- ・活動成果の評価ができない活動は、必ずマンネリ化を招くことを理解すること。
- ・良いチームワークづくりに努力すること。
- ・自己啓発に努めること。

イ　事業場・部門の安全衛生計画と職場の安全衛生実行計画

事業場・部門の安全衛生計画と整合した安全衛生実行計画の作成に関する職長の役割は、次のとおりに整理することができる。

- ①　リスクアセスメント結果などをもとに、事業場の安全衛生計画を具体化した計画を作成すること
- ②　安全衛生実行計画を部下が確実に実施できるように、役割分担、手順等を定めること
- ③　安全衛生実行計画を部下が継続的に維持・展開するために、②で定めた役割分担、手順等を職場内の要領、標準書等の文書により明確にすること

職場の安全衛生実行計画の作成に参画し推進することは、職長の責務である。この計画を確実に実施するためには、各課（所属）の安全衛生計画の策定に参画するとともに、その計画について十分理解を深め、部下に十分説明・指導し、職場の安全衛生実行計画を作成・推進することが要求される。

ウ　職場の安全衛生実行計画と職長の課題

以上を踏まえると、次の3点が職長の課題となる。

① **各課（所属）の安全衛生計画策定への参画**
　　各課の安全衛生計画における実施事項の優先順位の決定は、現場を一番知り得る立場にいる職長の参画なしに行われるのは困難であることから、各課の安全衛生計画の策定に際しても職長の参画が望まれる。
② **安全衛生計画に基づく職場の安全衛生実行計画の作成**
　　安全衛生計画に基づき、職場ごとにそれぞれ職場の安全衛生実行計画を作成し、実施することが要請されている。
【例】・例えば、部下が10人いて一人当たり3件の安全衛生上の問題となる作業があれば、たちどころに30件の問題作業が想定される。
　　　・これら多数の問題に優先度をつけて解決するための職場の安全衛生実行計画が必要となる。
③ **部下に対する指導・教育の実施と職場の安全衛生実行計画の確実な実施**
　　職長は部下に対して、安全衛生計画さらに職場の安全衛生実行計画における目標、実施項目、手段、役割分担等について十分説明し、教育・指導を行うことが必要である。特に、役割分担の決定では、部下の特性と役割を考えて、全員参加のもとで実行できるように努めなければならない。

（2）職場の安全衛生実行計画の作成・推進

　　職場単位で実施される安全衛生活動の集積結果が、事業場全体の安全衛生レベルを決めるだけに、職長は職場の安全衛生実行計画を確実に作成・推進することが必要となる。実行計画の作成・推進は、問題点の把握（リスクアセスメント）→重点実施事項の決定→実行計画の作成・実施→評価・改善の4段階のステップを踏んで進められる。**表8-2**に考慮すべき事項の例を示した。

表 8-2　具体的手順と考慮すべき事項の例

第1段階	問題点の把握 （リスクアセスメント）	過去の安全衛生活動等の分析 職場環境の変化 職場のあるべき姿 職場特有の問題点
第2段階	重点実施事項の決定	重点実施事項 目標レベルの設定
第3段階	実行計画の作成・実施	5W1Hによる計画作成 役割分担 説明と動機づけ 進捗状況の把握
第4段階	実行計画の評価・改善	活動結果の評価 改善

　　以上の4段階それぞれについて、以下でさらに具体的に述べる。

ア 第1段階：職場の問題点の把握（リスクアセスメントを含む）

職場の安全衛生実行計画の作成の第一歩は、職場の問題点の把握である。

職場の問題点は1つだけではない。数多くの潜在的に存在する問題点を掘り起こし、一つひとつの問題点について、リスクアセスメントを実施するとともに、次の囲みに示す項目を考慮し、その対策を明確にし、改善すべき対象の特定を行う。

第1段階で考慮すべき4つの項目

次の4項目より、問題点の把握およびその対策について考えることが必要である。

① 過去の分析
→安全成績、災害分析、安全衛生活動等がある。

② 職場環境をめぐる周辺状況の変化
→今日の経済社会の環境は極めて流動的であり、変化も激しい。このような、周辺状況の変化が、職場の安全衛生の確保にどのような問題点を生み出すか考えることも欠かすことができない。

③ 職場の「あるべき姿」
→あるべき姿とは、トップの方針（経営理念等）、部・課の目標・計画に基づいて、自分の職場は「本来こうあるべきだという状態」をいう。したがって、法令順守は当然のこととして、法令以上の社内ルールを含めて、「決められたことを、決められたとおり、毎回、職場の全員が実践する」、そして、「人が見ていないときでも安全に行動する」、「人の安全にも気配りができる」等のような職場になることが、職場の「あるべき姿」だといえる。

④ 職場特有の問題点
→機械設備、作業環境、作業自体、作業者と管理監督者それぞれの役割などの問題点

イ 第2段階：重点実施事項の決定

職場の問題点を把握し、その対策が明確になれば、重点実施事項はおのずと明らかになる。例えば、リスクアセスメントの結果、優先度が高いとされたリスクの低減措置の検討および実施などがそれに相当することになる。重点実施事項の検討に当たっては、事業場全体の重点実施事項と矛盾することがないように、また、「何を」、「何のために」、「どのレベルまで」を明確にすることが必要である。

特に、具体的な目標レベルの設定は、**図8-2**のように欠かすことができないものである。また、安全衛生活動のマンネリ化はよく聞く話であるが、その原因の1つに、目標レベルのあいまいさが挙げられる。目標レベルが不明確であれば、達成度の評価が困難である。また、目標レベルにより、到達するために必要な活動は当然に異なるはずである。しかし、目標レベルをあいまいなままにすると、具体的活動も、例年同じような活動がなされることになり、必然的にマンネリ化に陥ることになる。このため目標についてはできるだけ数値化することが重要である。

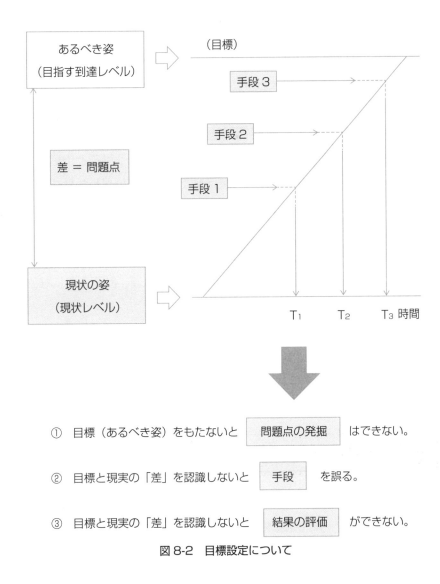

① 目標（あるべき姿）をもたないと　問題点の発掘　はできない。

② 目標と現実の「差」を認識しないと　手段　を誤る。

③ 目標と現実の「差」を認識しないと　結果の評価　ができない。

図 8-2　目標設定について

ウ　第3段階：職場の安全衛生実行計画の作成・実施

（ア）職場の安全衛生実行計画の作成

　　重点実施事項と目標レベルが決まれば、事業場の安全衛生計画を踏まえて、これらをどのように実施するか5W1Hに従い職場の安全衛生実行計画を作成する。職場一人ひとりの役割分担と具体的な活動内容をスケジュールとともに明らかにする。

（イ）計画の実施

　　どのような計画を立てても職場で実行されなければ意味をなさない。職場の安全衛生実行計画を実行に移すためには、作業者に十分説明し納得してもらう必要がある。場合によっては研修・教育を実施し、動機づけを十分に行う。また進捗状況を確認することが必要である。進捗状況に遅れなどの問題点があった場合には、当初

の目標・成果を達成するため、その原因を把握し、必要な改善を行う。進捗状況の管理は、職長の関心度を示すバロメーターといえ、職長が関心のないことについて作業者が自主的に行うことはまれなことと認識すべきである。

エ 第4段階：職場の安全衛生実行計画の評価・改善

職場の安全衛生実行計画の評価を確実に行うためには、活動ごとの結果の評価が必要であり、そのためには、前述したように活動ごとに目標レベルが具体的に設定されていなければならない。職長として、部下の実施結果について、適切な評価や判断を行うことが重要である。

なお、職場の安全衛生実行計画における重点実施事項を明確にし、与えられた条件（時間、人数、予算）の中で実行可能な計画にしなければ、計画倒れになる可能性が高くなる。

また、目標の達成が困難である場合は、改めて検討を行い改善を図ることが必要となるが、目標が達成できなかった場合は、原因を追究し、翌年の計画で確実に実行できるようにしなければならない。

2 職場巡視

職場巡視（安全衛生・健康・防災パトロールなど）の実施にあたっては、計画された定期パトロールのテーマ（開催の頻度・目的等は任意）を明確にするとともに、『機械・設備等はいつかは劣化し壊れる』、『人は体調を崩し病気になる』等のことを念頭に置き、正常時との小さな『ズレ』をも見逃さないようにする。いつもと違うものを感じた場合は、立ち止まり、機械・設備の担当作業者に確認することは無論のこと、作業者自身の不安全行動や作業手順書と異なる作業行動を取っていないか等を確認することが重要となる。

以下、職長による職場巡視（パトロール）を中心に述べる。

表8-3　職場巡視目的の明確化（例）

実施者	目的	意識すること
課長	・危険有害要因の抽出と改善 ・作業全般の把握	・各作業者への声かけで良好な信頼関係の醸成
職長	・危険有害要因の抽出と改善 ・作業内容の把握 ・作業者の特性の把握	・各作業者への声かけで良好な信頼関係の醸成 ・作業者の特性に合った指揮

（1）職長による職場巡視の心構え

職長による職場巡視は、それぞれの職長が、管轄する職場を計画的・定期的に巡視することにより、自分たちの職場に潜む危険因子や有害因子等が顕在化する前に、正確に把握し、適切な処置方法・改善方法等により、職場の作業者がケガをしたり、疾病にかかったりしないことを第一の目的として実施する。職場で決められた4S（または5S）ルールや指差し呼称の実施、作業方法の順守等のほか、安全衛生実行計画に盛り込まれた安全衛生活動の実施の状況なども念頭に巡視を行うとよい。

また、本来業務の主目的である『生産・品質・能率・原価の確保と目標達成』のため、人（作業者および職場の外来者・業者等）、物（設備・原材料・職場環境等）、作業（作業方法・作業手順等）・環境管理の面でも、『いつもと違うズレ』等に気づいたら、立ち止まり、担当作業者へ声をかけ、『いま実施した作業方法は、危ないよね？』、『なぜ作業手順書どおりの方法でできなかったのかな。一緒に考えてみようよ』などのように相手に質問をする形で考えさせ、作業手順やルールを守ることがいかに重要であるかを導き出すことにより、再発を防止するとともに、正しい行動をとれるように変化（行動変容）するよう、声かけ・対話形式で行うことがポイントである（断じて重箱の隅を楊枝でほじくるような指摘になってはならない）。

そこで、従来の指摘型パトロールを、作業者との対話・会話（コミュニケーション）を重視した対話型パトロールにあらため、単なる指摘事項にとどめることなく、どうすれば『いつもと違うズレ』の再発を根源から防止できるのかを問いかけ、十分な根本原因の探求と効果的な改善処置の実施ができるようにする。

表8-4　職場巡視の概要

事前準備	・現場責任者へ連絡 ・順路を決め、重点対象を絞り込み、ポイントを定める ・チェックリストを作成
心構え	・どんなことでも見逃さない厳しい姿勢 ・欠陥の指摘だけではなく良いところは褒める ・あら探し的な態度は避ける ・すぐにできることはその場で改善させる ・対話を通じ危険を正しく認識させる
要領	・工程に沿って巡視 ・欠陥は原則直ちに措置 ・災害発生箇所は災害発生要因の除去を確認
事後措置	・指摘事項について整理、問題点をまとめる ・問題解決の対応策を検討 ・対策の決定と実行、実施状況の確認

（2）職場巡視の準備のポイント

ア　職場巡視計画

① 会社・事業場の安全衛生計画等および「職場巡視計画」により、計画的・定期的に実施する。

② 巡視計画は、いつ・どこで・誰が・何を・どれくらい・どのように巡視するかを基本に作成する。

③ 職場巡視の実施時間・実施ポイント（対象や目的）等をあらかじめ計画に定める（職場巡視対象にも、事前に実施時間・ポイントを連絡する。抜打ちで実施する場合は、別途調整）。

イ　事前準備

① 安全管理者・産業医・衛生管理者・スタッフ等の助言が必要な場合は、事前に調整・準備する。

② 職場巡視に必要な備品を事前に調整・準備する。

例：腕章、記録用具（用紙・筆記具）、保護具（必要な場合）、備品（ライト・メジャー・カメラ）　など

③ 危険・有害作業の職場巡視の場合は、事前に安全装置・衛生設備等を確認・調査する（必要により、対象となる関係法令を事前に確認）。

④ 危険・有害作業に必要な「作業主任者」の名簿・選任状況等を事前に調査・確認する。

（3）職場巡視のポイント集

職場巡視のポイントとして、以下に挨拶・コミュニケーションと4S（または5S）を中心に例を挙げる。事業場により、職場の状況は異なるため、職場巡視の際はこのなかから自職場に合ったポイントを盛り込んで実施されたい。

職場巡視のポイント

【挨拶とコミュニケーション】

① 職場に到着したら、「こんにちは。これから安全衛生パトロールを実施します」と挨拶、声かけをする。

② 作業者に対して、「おはようございます○○さん」、「寒い中お疲れ様です」等の挨拶を心がける。

③ 指摘事項を確認する場合は、具体的な問いかけを心がける（回答が会話につながるよう、指摘の際はオープンクエスチョンとする。ただし、短時間を心がける）。

【4S（または5S）】

① 職場の『3区分管理』の徹底
・『通路』の確保と色別表示の徹底
・十分な『作業場所』の確保と色別表示の徹底
・加工・組立待ち部品や完成製品等を一時置きする『保管場所』の確保と色別表示の徹底

② 通路は非常の際の避難通路を兼ねる場合が大半なので、非常の際、行き止まりとならないよう避難路の2方向以上の避難口を考慮する（危険物を内在する設備や危険物保管庫等がある場合は、2方向避難口が法令により必須）。

③ 4S（または5S）に対する進め方、その考え方や意味合いを再確認する。

④ 『見えない危険』や『有害物質』等の「見える化」や「本質安全化対策表示」等ができているか。

⑤ 『3現主義』（「現場」に足を運び・「現物」を手に取り・「現実」を自分の眼で確認）』を徹底する。

⑥ 3現主義に、原理（外れていないか）・原則（異なることは無いか）をプラスした『5ゲン主義』を徹底する。

⑦ 『3定』・『3即』・『3徹』を併せて心がけると効果的である。
・3定：「定められた位置（定位置）」に「定められたモノ（定品）」を「定められた量（定量）」。
・「3現・3即・3徹」は、3現主義、3即主義、3徹主義の三拍子を揃えたものであり、その意味は次のとおり。
（3現：①現場、②現実、③現物。3現でムダや危険を感じよ（感性）
3即：①即時、②即座、③即応。ムダや危険を感じたらその時、その場ですぐに革新せよ（行動）
3徹：①徹頭、②徹尾、③徹底。1個流しの1個に最初から最後まで徹底してこだわれ（こだわり））

⑧ 物品の置き方の『基本①』は、「直角・平行・垂直・水平」の徹底。特に、通路の「白線」の管理徹底（剥がれ・切れ・汚れのないよう徹底管理）が重要である。

⑨ 物品の置き方の『基本②』は、棚等には、下から上へ、大きい物から小さい物、重い物から軽い物という基本がある。

⑩ 物品の置き方の『厳禁事項』としては、「チョイ置き・停め置き・直（床）置き・高所置き・乱れ置き・立掛け置き・仮置き」等があり、これらを意識すると、その効果が絶大である。（NGワード：ちょい・と・じ・こ・み・た・か）

⑪ 表示の無いダンボール箱に、「ブラックボックス保管」をすることのないよう、徹底する。

【その他】

① 『一仕事・一片付け』の励行確認。いわゆる、3ム（ムダ・ムリ・ムラ）を排除した、流れるような仕事ぶりを模範としているか。

② 働く人（ひと・ヒト・人・人間）は、一人ひとり、それぞれの特性を持ち合わせ、小さなグループ・大きな組織・企業を形成し成り立っていることを理解する。（十人十色：それぞれの性格と考え方を持つ）

③ 当たり前のことを、ぼんやりせずに、ちゃんと、できるまで（安全のA・B・C・D）が実行でき習慣化しているか。

3 日常的な安全衛生活動

(1) 4S（または 5S）活動

＜ 4S、5S 活動＞
　4S は、「整理」「整頓」「清掃」「清潔」のアルファベットの頭文字をとったもので、これらを徹底する活動を 4S 活動と呼んでいる。さらに 4S を身につけさせる「習慣（または、しつけ）」を加えて、5S（活動）という場合もある。
　作業を安全、衛生、効率的に行うために作業者に励行させるべき基本の取組みである。まずは、4S の徹底から始めよう。
＜小集団活動としての 2S 活動＞
　整理・整頓（2S）は、安全でも、仕事を効率的に行う上でも、効果が高いことから、多くの現場で取り組まれている。
　小集団のチームごとの改善活動として行われている例もある。

　5S を小集団の改善活動として積極的に実施している製造業の事例。分かりやすく、また親しみやすい掲示（見える化）の例として参考に紹介する。

「5S」の定義と改善のねらい		
5S	定義	改善のねらい
整理	要るものと要らないものに区分して、要らないものを処分すること	不要物や職場のムダをなくすこと
整頓	要るものを定置（所定の場所）に所定の置き方で置き、いつでも必要なものがすぐとり出せるようにすること	もの探しと運搬のムダをなくすこと 新人の人でもどこにあるか分かるようにすること
清掃	身の回りのモノや職場の中をきれいに掃除し、点検をすること	清掃のムダをなくすこと 汚れるムダをなくすこと
清潔	整理・整頓・清掃を徹底すること、いつ誰が見ても、だれが使っても、すっきりとしたムダがない職場を維持改善すること	改善の不徹底によるムダをなくすこと 整理・整頓・清掃を続けること
習慣（躾）	現場のルールや規律を徹底し守ること （標準作業）	ルールと規律を守らないことによって発生するムダをなくすこと

（編注）ムダをなくすことは、作業の効率化を図るためには必要なことです。ただし、安全のためには一見ムダと思えるものもあります。その場合は、なぜそのことが必要かを十分に教えるようにしましょう。

（2）危険予知（KY）活動

> ① **危険予知訓練で危険意識の向上を**
>   危険予知訓練は、職場や作業に潜む危険と、それにより発生する災害について話し合い、危険に対する意識を高めて作業をすることで災害を防止しようというものである。
>   未熟練労働者の危険意識を高めることにも効果が期待できる。
> ② **危険予知訓練の実施方法**
>   作業現場を描いたイラストシート、ヒヤリ・ハット事例などを用いて行う方法などがある。以下に取組みの例を紹介する。
> ③ **危険予知活動**
>   実際の現場で作業を開始する前に、当日の作業を考えながらKYを実施、今日の作業での重点とする安全の確認を行う。

ア　危険予知訓練とは

　危険予知訓練は、作業や職場にひそむ危険性や有害性等の危険要因を発見し解決する能力を高める手法。ローマ字のKYTは、危険のK、予知のY、訓練（トレーニング）のTをとったものである。

　危険予知訓練は、もともと住友金属工業で開発され、中央労働災害防止協会が職場のさまざまな問題を解決するための手法である問題解決4ラウンド法と結びつけ、さらにその後、旧国鉄の伝統な安全確認手法である指差し呼称を組み合わせた「KYT4ラウンド法」としたものが標準とされている。　　　　　（職場のあんぜんサイトより）

イ　危険予知訓練の進め方

　KYTの基礎手法であるKYT基礎4ラウンド法による危険予知訓練の進め方は、**表8-5**のとおり。

表8-5　危険予知訓練の進め方

ラウンド	危険予知訓練の4ラウンド	危険予知訓練の進め方
1R	どんな危険がひそんでいるか	イラストシートの状況の中にひそむ危険を発見し、危険要因とその要因がひきおこす現象を想定して出し合い、チームのみんなで共有する。
2R	これが危険のポイントだ	発見した危険のうち、これが重要だと思われる危険を把握して○印、さらにみんなの合意でしぼりこみ、◎印とアンダーラインをつけ「危険のポイント」とし、指差し唱和で確認する。
3R	あなたならどうする	◎印をつけた危険のポイントを解決するにはどうしたらよいかを考え、具体的な対策案を出し合う
4R	私たちはこうする	対策の中からみんなの合意でしぼりこみ、※印をつけ「重点実施項目」とし、それを実践するための「チーム行動目標」を設定し、指差し唱和で確認する

ウ　KYT 基礎 4 ラウンド法の具体的な進め方の例

＜危険予知訓練の演習＞

[1] イラストシート等の準備

イラストシート、模造紙、赤と黒のフェルトペンを準備する。

状況：あなたは、外部非常階段の扉の塗装を
　　　行うため、ペーパーがけをしている

[2] チーム編成

チームは、一人ひとりが意見を出しやすいように5人〜6人を標準とする。

[3] 役割分担

リーダー（司会・進行）と書記を決める。必要に応じて、レポート係、発表者、コメント係などを決める。

[4] 訓練の趣旨説明

リーダーは、チームのメンバーに、危険予知訓練は危険を予測する能力を高め、労働災害を防止するために有効であることを説明し、メンバー全員の積極的な発言を求める。

[5] イラストシートの提示

[6] 1R（どんな危険がひそんでいるか）

イ　リーダーは、イラストシートの状況を説明し、この中にどんな危険がひそんでいる
　　かを問いかける。

ロ　メンバーは、気づいた危険を以下のように発言する。

　　〜なので〜して（危険要因）〜になる（事故の型）。

ハ　書記は、発言を模造紙に記入する。

（例　1R 及び 2R）

① 扉を半開きにしてペーパーがけしているとき、風にあおられ扉がしまり、
　押さえている左手をはさまれる

② 踏み台が手すりに近く、腰の位置が高いので、降りようとしてよろけた
　とき、手すりを越えて落ちる

3 扉を半開きにしてペーパーがけしているとき、風にあおられ扉が動き、
　踏み台がぐらついて踏み外してころぶ

4 ペーパーがけしながら足の位置を変えようとして、踏み台を踏み外して
　ころぶ

⑤ 扉を閉めてペーパーがけしているとき、内側から扉を押し開けられて
　ころぶ

⑥ 顔を近づけてペーパーがけしているので、風で粉が飛び散り、目に入る

⑦ 後ろ向きで踏み台から降りたとき、そばにある塗料缶をけとばし、
　下の人に当たる

---

[7] 2R（これが危険のポイントだ）

イ　リーダーは、1R で出された危険のうち、チームにとって「問題のある重要な危険
　　は何か」を問いかける。

ロ　メンバーは、重要と思う項目の「No」を発言する。書記は、「赤」で「No」に○
　　印を付ける。

ハ　みんなの合意で、「対策に緊急を要するもの、重大事故となる可能性のあるもの
　　（危険のポイント）」を 1 〜 2 項目にしぼり込む。書記は、「赤」で◎印とアンダーラ
　　インを付ける。

ニ　リーダーのリードで「危険のポイント」を指差し唱和する。

　　「〜なので〜になる　ヨシ！」

[8] 3R（あなたならどうする）

イ　リーダーは、「危険のポイント」について、それを予防したり、防止したりするのに「あなたならどうする」と問いかける。

ロ　メンバーは、具体的で実行可能な対策を「〜する」と発言する。書記は模造紙に記入する。

ハ　リーダーは、メンバーから各3項目程度の対策を出させる。

(例)

No	※		具体案	No	※		具体案
2	※	1	踏み台を壁側に寄せる	6		1	ゴーグルを着用
		2	踏み台を開いた扉の内側に置く		※	2	風上で作業する
		3	墜落制止用器具を着用、手すりにフックをかける			3	顔を遠ざけ、目の位置より下でかける
		4				4	

[9] 4R（私たちはこうする）

イ　リーダーは、3Rで出された対策のうち、チームとして「必ず実施しよう」という対策は何かを問いかける。

ロ　みんなの合意で「重点実施項目（各1項目）」にしぼり込む。書記は「赤」で※印とアンダーラインを付ける。

ハ　リーダーは、メンバーにはかって、全員の合意で「チーム行動目標（各1項目）」を決める。

　　「〜するときは（または、〜のときは）〜を〜して〜しよう　ヨシ！」

ニ　「チーム行動目標」をリーダーのリードで指差し唱和で確認する。

　　「〜するときは（または、〜のときは）〜を〜して〜しよう　ヨシ！」

(例)

チーム行動目標	踏み台を使うときは、踏み台を壁側に寄せて置こう　ヨシ！	チーム行動目標	ペーパーがけをするときは、風上に立って行おう　ヨシ！

[10] 確認（KYTをしめくくる）

イ　リーダーはメンバーにはかって、重点実施項目に関連して実際に現場で確認する指差し呼称項目を全員の合意で決める。「〜　ヨシ！」

ロ　リーダーのリードで指差し呼称項目を3回指差し唱和で確認する。「〜　ヨシ！」

ハ　タッチ・アンド・コールを行ってKYTをしめくくる。

(3) ヒヤリ・ハット活動

ア　ヒヤリ・ハット活動とは

　仕事をしていて、もう少しでケガをするところだったということがある。この「ヒヤリとした」、あるいは「ハッとした」ことを取り上げ、災害防止に結びつけることを目的として始まったのが「ヒヤリ・ハット活動」で、職場にはどのような危険（有害）があるのかを把握する効果的な方法である。

イ　ハインリッヒの法則

　多くの労働災害を分析すると、1件の死亡・重傷災害が発生した場合、それと同じ原因で29件の軽傷災害が、また同じ性質の無傷害事故が300件伴っていることが分かった。これを「ハインリッヒの法則」という。

　この300件のヒヤリ・ハットを減らすことで、軽傷災害、重傷災害を減らすことが期待でき、死傷災害を事前に防止するための有益な情報ということになる。

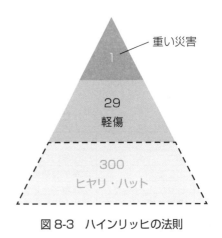

図8-3　ハインリッヒの法則

ウ　ヒヤリ・ハット活動で危険意識を高める

　ヒヤリ・ハットは、職場にある危険を理解するための大変貴重な情報である。通常のヒヤリ・ハット活動以外に次のように活用することもできる。

　①　未熟練労働者に職場にどのような危険があるかを分かりやすく認識させることができる。

　②　ヒヤリ・ハット報告をすることで、危険感受性を高めることができる。

　③　ヒヤリ・ハット情報をもとに、危険予知訓練やリスクアセスメントを行うと、より身近な活動を行うことができる。

■「ヒヤリ・ハット活動」実施のポイント

（1）ヒヤリ・ハット経験の報告

　記憶は時間が経つとともに薄れる。終業時に所定の用紙で報告する。

（2）報告者の責任を追及しない

　ヒヤリ・ハットは不安全行動により発生するものであるが、報告者の責任を追及せず、安全活動に限っての使用を徹底する。そうしないと、報告が出てこないこととなる。

（3）ヒヤリ・ハットを改善に活かす

　　報告しても改善が行われなければ、参加者の動機づけにも悪影響が及ぶ。根本原因に立ち返り、早期の対策を行う。

（4）ヒヤリ・ハット情報の共有

　　「ヒヤリ・ハット」情報は、同種の作業を行っている人に早期に知らせ、再び同じことが繰り返されないようにする。

【ヒヤリ・ハット報告書の例】

　以下にヒヤリ・ハットの報告書様式例を示す。記載内容は編者が例示として記載したものである。

```
┌─────────┐
│ 記入例 │
└─────────┘
```

報告の種別：（ヒヤリ・ハット）・想定ヒヤリ
↑いずれかに○をして下さい。

ヒヤリ・ハット　想定ヒヤリ　報告書

所属氏名	○○担当　○○　○○		
いつ	○○年○○月○○日（○曜日）　13 時 30 分頃		
どこで	洋菓子製造場所	どうしていた時	洋菓子生地製造圧延機の清掃作業
ヒヤリハットした、危険を感じた時のあらまし	洋菓子生地製造圧延機の清掃作業を、ローラーの回転を止めないで行っていたところ、手を巻き込まれそうになった。		

どのような問題（不安全な状態又は行動）がありましたか。
[問題があった項目欄にその時の状態と考えられる対策を記入してください。]

①作業環境の問題

②設備機器の問題
　カバーをはずしても、ローラーを回転させることができたこと。

③作業方法の問題
　電源を切らずに、ローラーを回転させながら、手で回転体の清掃を行っていた。

あなた自身の問題
　次の作業のため、急いでいたのでローラーを回転させながら清掃を行った。

心身分析
（該当するすべての項目に○をつける）
1．よく見え（聞こえ）なかった
2．気がつかなかった
3．忘れていた
4．知らなかった
⑤　深く考えなかった
⑥　大丈夫だと思った
⑦　あわてていた
8．不愉快なことがあった
9．疲れていた
10．無意識に手が動いた
11．やりにくかった
12．体のバランスをくずした

今後の対策（こうしてほしい・こうしたほうがよい）
　時間の余裕のある作業方法とすること。
　カバーをはずしたら、スイッチが入らない構造とすること。
　ローラーを、生地がつきにくい材質のものとすること。

※安全責任者の記入欄：報告者は記入しないこと。
（ア）清掃時の電源スイッチオフの注意喚起を掲示する。
（イ）安全な作業手順を明示する。
（ウ）カバーをはずしたら、電源が切れる構造とすることを検討する。

4　化学物質の管理とリスクアセスメント等

（1）化学物質の危険性又は有害性の表示・通知制度

　安衛法に基づく表示および文書交付制度は、GHS 国連勧告（下記の囲み参照）に基づいており、化学物質の容器などには危険有害性の程度などに基づく絵表示等を付すこととされている（**図8-4**、**図8-5**）。化学物質を取り扱う場合には、ラベル表示や交付されたSDS（安全データシート）などに基づき自主的に労働災害防止措置を講ずることが必要である。

> **【参考】** GHS 国連勧告と法令上の規定
> 　化学物質の引火性や発がん性等の危険有害性の各項目について一定の基準に従って分類し、その結果をラベルやSDS（安全データシート）等に情報として示すことで、災害防止および人の健康や環境の保護に役立てようとする国連勧告「化学品の分類および表示に関する世界調和システム（GHS）」が各国で導入されている。
> ①　容器へのラベル表示・安全データシートの交付については、安衛法第57条、第57条の2で規定されている。
> ②　危険有害物質等（危険有害性の認められるすべての化学物質）について、①の物質以外については、容器へのラベル表示・安全データシートの交付が、安衛則第24条の14～15で努力義務として規定されている。

※　容器用表示ラベルは、職場のあんぜんサイト「GHS対応モデルラベル作成法」で作成することができる。

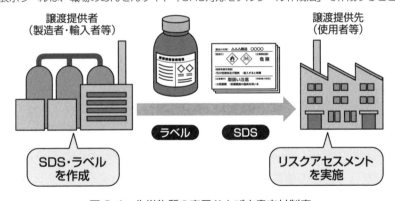

図 8-4　化学物質の表示および文書交付制度

（2）化学物質のリスクアセスメント

　平成28年6月施行の改正労働安全衛生法により、安衛法第57条第1項に規定する表示義務の対象物および第57条の2第1項に規定する通知対象物について、リスクアセスメントの実施が義務付けられた（安衛法第57条の3第1項）。

爆発物 (不安定爆発物、
等級 1.1～1.4)
自己反応性化学品
(タイプA、B)
有機過酸化物
(タイプA、B)

可燃性ガス (区分1)、自然発火性ガス
エアゾール (区分1, 区分2)、引火性液体 (区分1～3)
可燃性固体、自己反応性化学品 (タイプB～F)
自然発火性液体、自然発火性固体
自己発熱性化学品、水反応可燃性化学品
有機過酸化物 (タイプB～F)、鈍性化爆発物

酸化性ガス
酸化性液体、酸化性固体

高圧ガス

金属腐食性化学品、皮膚腐食性
眼に対する重篤な損傷性

急性毒性
(区分1～区分3)

急性毒性 (区分4)、
皮膚刺激性 (区分2)
眼刺激性 (区分2A)、皮膚感作性
特定標的臓器毒性 (単回ばく露) (区分3)
オゾン層への有害性

呼吸器感作性、生殖細胞変異原性
発がん性、生殖毒性 (区分1、区分2)
特定標的臓器毒性 (単回ばく露) (区分1、区分2)
特定標的臓器毒性 (反復ばく露) (区分1、区分2)
誤えん有害性

水生環境有害性
[短期 (急性) 区分1、長期 (慢性)
区分1、長期 (慢性) 区分2]

図8-5 危険有害性を表す絵表示 (JIS Z 7253 より)

　しかし、特別規則の対象になっていない化学物質による労働災害が多数あることに対応するため、令和4年5月31日（厚生労働省令第91号）に、安衛則等が改正され、新たな化学物質規制の制度が導入された（主な改正内容は**表8-6**のとおり）。化学物質の自律的な管理を行うための事業場内実施体制が強化され、リスクアセスメント対象物（リスクアセスメント実施の義務対象物質）を製造・取り扱う事業場では、リスクアセスメント対象物に対する対策を適切に進める上で不可欠な職務を管理する者として、事業場ごとに化学物質管理者の選任が義務付けられた。また、リスクアセスメントに基づく措置として労働者に保護具を使用させる事業場は、保護具の選択・使用等を管理する者として、保護具着用管理責任者を選任しなければならない。事業場内の化学物質管理体制の整備・化学物質管理の専門人材の確保・育成については**図8-6**のとおりである。

表 8-6 　化学物質の自律的な管理の主な内容

○ラベル表示・SDS 等による通知の義務対象物質の追加
・ラベル表示、SDS（安全データシート）等による通知とリスクアセスメント対象物を順次追加（674 物質から約 2,900 物質まで追加される見込み）
○リスクアセスメント対象物にばく露される濃度の低減措置
・リスクアセスメント対象物のうち、濃度基準値設定物質は、屋内作業場で労働者がばく露される程度を濃度基準値以下としなければならない。
○皮膚等障害化学物質等への直接接触の防止
・皮膚等障害化学物質等を製造し、または取り扱う業務では、その物質の有害性に応じて、労働者に障害等防止用保護具を使用させなければならない。
○衛生委員会の付議事項に化学物質の自律的な管理の実施状況の調査審議を行うことを義務付け
○がん等の把握強化
○リスクアセスメント結果等に関する記録の作成と保存
○リスクアセスメントの結果や濃度基準値を超えたばく露のおそれがある場合の健康診断の実施と記録の保存
○化学物質管理者、保護具着用管理責任者の選任の義務化
○雇入れ時等教育の拡充
・雇入れ時等の教育のうち、特定の業種で認められていた一部教育項目の省略の規定を廃止
○職長等に対する安全衛生教育が必要となる業種の追加
・食料品製造業
・新聞業、出版業、製本業、印刷物加工業
○ SDS 通知方法の柔軟化
○ SDS 等の「人体に及ぼす作用」の定期確認と更新
○ SDS 通知事項の追加
○化学物質を事業場内で別容器等で保管する際の措置の強化
　以下の場合もラベル表示・文書の交付等が必要
・ラベル表示対象物を、他の容器に移し替えて保管する場合
・自ら製造したラベル表示対象物を、容器に入れて保管する場合等
○作業環境測定結果が第 3 管理区分の事業場に対する措置の強化
・作業環境測定の評価結果が第 3 管理区分に区分された場合、外部の作業環境管理専門家の意見を聴き必要な改善措置等を講じること等
○特殊健康診断の頻度の緩和

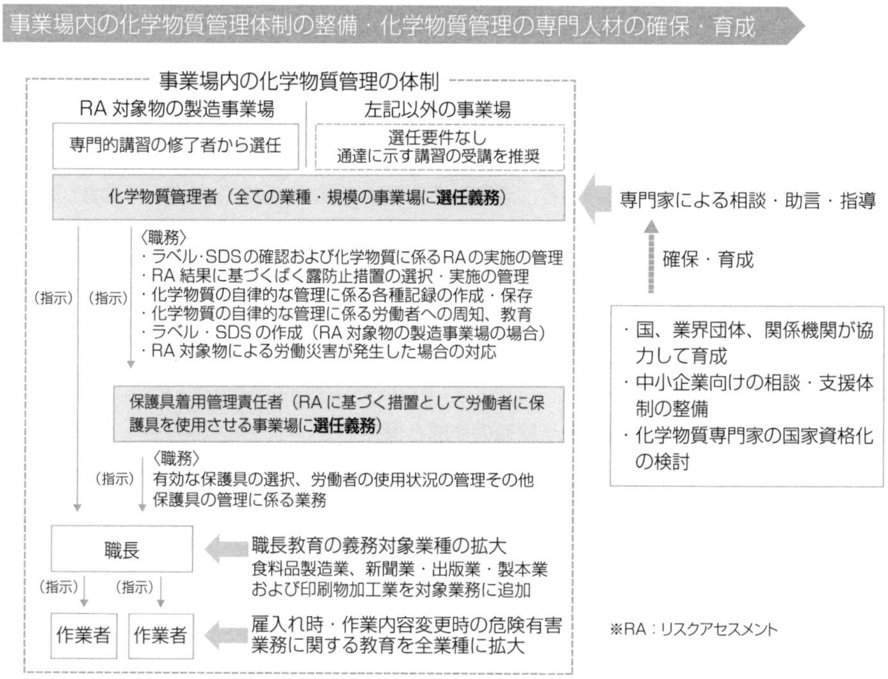

図 8-6　事業場内専門人材の選任および教育

(資料：厚生労働省、一部改変)

　職長は、化学物質管理者や保護具着用管理責任者とともにリスクアセスメントを適切に実施することが求められ、日常的な作業の中でどのような化学物質が使われているかを把握しておくとともに、リスクアセスメントの結果に基づき講ずる措置内容を理解し、作業者に対し、教育・作業指示等の対応が必要である。

　なお、新たな対象化学物質として、国によるGHS分類の結果、危険性又は有害性があるものと区分されたすべての化学物質が、ラベル表示、SDS交付およびリスクアセスメント対象物に順次追加されていくことになる。国によるGHS未分類物質で危険性又は有害性があるものについては、ラベル表示、SDS交付およびリスクアセスメントの実施は努力義務となるが、今後分類が終了すると順次義務化されていく予定となっている。

　以下、化学物質による健康障害防止のためのリスクアセスメントを中心に説明する。

ア　実施手順

　実施手順は、「化学物質等による危険性又は有害性等の調査等に関する指針」(化学物質リスクアセスメント指針、令和5年4月27日改正)で定められているが、リスクアセスメント指針(第4章第2節(1)参照)と基本的な骨格は同じである(**表8-7**)。

表 8-7　化学物質リスクアセスメント指針の概要

項　目	内　容
実施体制	・総括安全衛生管理者、安全管理者または衛生管理者 ・化学物質管理者を選任、技術的事項の管理 ・必要に応じ、事業場内の化学物質管理専門家や作業環境管理専門家などの専門的知識を有する者の参画
対象選定	・事業場において製造または取り扱うすべてのリスクアセスメント対象物
情報の入手	・SDS（安全データシート）、作業環境測定結果等
危険性又は有害性の特定	・「化学品の分類及び表示に関する世界調和システム（GHS）」またはJIS Z 7252 に基づき分類された化学物質等の危険性又は有害性 ・リスクアセスメント対象物の濃度基準値、管理濃度、これらの値が設定されていない場合で、日本産業衛生学会の許容濃度または米国産業衛生専門家会議（ACGIH）のTLV-TWA 等の化学物質等のばく露限界（以下「ばく露限界」という）が設定されている場合にはその値 ・皮膚等障害化学物質等への該当性
リスクの見積り	・リスクアセスメント対象物による健康障害の可能性と程度を考慮する方法 ・リスクアセスメント対象物によるばく露の程度と有害性の程度を考慮する方法
リスク低減措置 （※図 8-9 参照）	・危険性又は有害性のより低い物質への代替、化学反応のプロセス等の運転条件の変更、取り扱うリスクアセスメント対象物の形状の変更等 ・機械設備等の防爆構造化、安全装置の二重化等の工学的対策又は密閉化、局所排気装置の設置等の衛生工学的対策 ・作業手順の改善、立入禁止等の管理的対策 ・有効な保護具の選択および使用

　① 　実施体制の整備

　② 　情報の入手等

　③ 　危険性又は有害性の特定

　④ 　リスクの見積り

　⑤ 　リスク低減措置の検討、実施

　⑥ 　リスクアセスメント結果の記録の作成・保存、労働者への周知等

　化学物質のリスクアセスメントでは、対象業務等を洗い出した上で、SDS に記載されている GHS 分類などに基づき危険性（爆発・火災等）又は有害性（健康障害）の特定を行う。実際の方法は、さまざまなものがあるが、参考となるフローチャートを図 8-7 に示す。

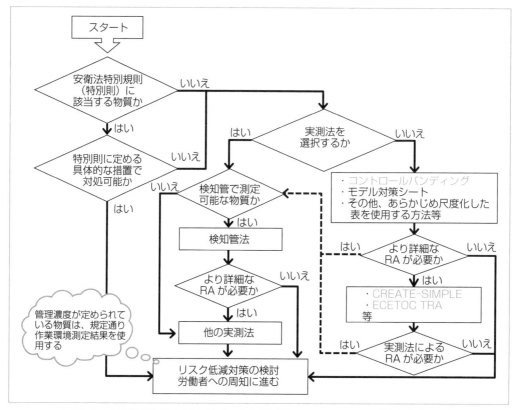

図8-7 化学物質リスクアセスメントに関するフローチャート(健康障害関係)

(厚生労働省「職場のあんぜんサイト」より、一部改変)

イ リスクの見積り

手法①：定量的評価	作業環境測定結果等から定量的なばく露状況を評価する。
手法②：定性的評価	環境測定値のない場合などでは、定性的に評価する。代表的な手法が「コントロール・バンディング」法である。

① 定量的評価

　リスクアセスメントでは、ばく露測定または作業環境測定等の結果から推定される作業者のばく露濃度のデータがある場合には、それを濃度基準値や管理濃度、それらが設定されていない物質では日本産業衛生学会が勧告する許容濃度、米国産業衛生専門家会議(ACGIH)が勧告するTLVs(threshold limit values)等のばく露限界(ほとんどすべての労働者が連日ばく露されても有害な影響は受けないとされる数値)と比較することにより定量的なリスクの見積りができる(**図8-8**)。

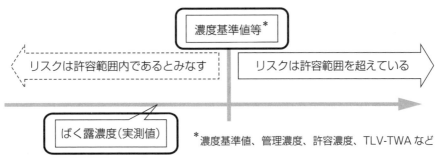

図8-8　定量的なリスクの見積り

② 定性的評価

　　上記のようなデータがない場合はSDS（安全データシート）に記載されている GHSの分類・区分（有害性ランク）と物質の物性、形状、温度（揮発性・飛散性 ランク）および1回または1日当たりの使用量（取扱量ランク）によって推定し た作業者のばく露量の組み合わせで定性的なリスクの見積りを行う。

　厚生労働省は、化学物質についての特別の専門的知識がなくても定性的なリスクアセ スメントが実施できる「コントロール・バンディング」や、比較的少量の化学物質を取 り扱う事業者に向けた、対象物質の気中濃度を定量的に推定する「CREATE-SIMPLE （クリエイト・シンプル）」などの支援ツールを準備している。

（なお、化学物質による爆発・火災等防止のためのリスクアセスメントでは、リスクの 見積りに関しては、マトリクスや数値化による方法のほか、リスクグラフによる方法、 化学プラント等の化学反応のプロセス等による災害のシナリオを仮定して、その事象の 発生可能性と重篤度を考慮する方法等がある。「職場のあんぜんサイト」では簡便な「ス クリーニング支援システム」を公開しており、チェックフローの質問に答えていくだけ で、代表的な爆発・火災等の危険性、リスクについて知ることができる。）

　　これらのツールは、下記のウェブサイトから無料で利用できる。

　厚生労働省　職場のあんぜんサイト：化学物質のリスクアセスメント実施支援

　　　　　　　　　　　　https://anzeninfo.mhlw.go.jp/user
　　　　　　　　　　　　/anzen/kag/ankgc07.htm

ウ　リスク低減措置の検討および実施

　　リスクの見積りによるリスク低減の優先度が決定すると、その優先度に従ってリス ク低減措置の検討を行う。

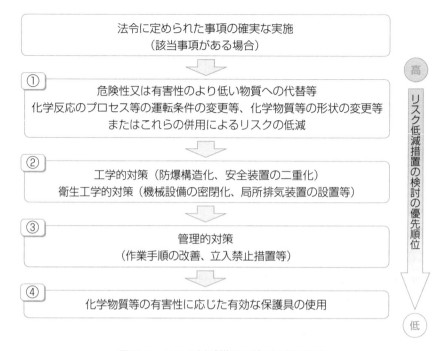

図8-9 リスク低減措置の検討の優先順位

　法令に定められた事項がある場合にはそれを必ず実施するとともに、**図8-9**に掲げる優先順位でリスク低減措置の内容を検討の上、実施する。

（3）健康問題に関するリスクアセスメント

① 暑熱作業のリスクアセスメント

　「環境要因（暑熱な環境）」など、4つの要因のリスクを見積もり、総合的リスク評価を実施する。暑熱環境レベルの改善にあたっても、個別要因単位で改善を進める[1]。

② 職場における腰痛予防対策指針からのリスクアセスメント

　「重量物取扱い」など、5つの作業態様別の腰痛発生要因を特定し、対策を講じる[2]。

※1　中災防「製造業向け熱中症予防対策のためのリスクアセスメントマニュアル」参照

　　　https://www.jisha.or.jp/research/report/201503_02.html

※2　厚生労働省「職場における腰痛予防対策指針及び解説」参照

　　　https://www.mhlw.go.jp/stf/houdou/2r98520000034et4-att/2r98520000034mtc_1.pdf

①暑熱作業のリスクアセスメント
　　　ア　環境要因（暑熱）
　　　イ　作業要因（身体強度）
　　　ウ　衣服・装備要因（通気性）
　　　エ　作業者要因（個人特性）

リスクの見積り → 対策の決定

②腰痛のリスクアセスメント
　「重量物取扱い、立ち作業、座り作業、福祉・医療分野等における介護・看護作業、車両運転等の作業」の５つの作業態様別の腰痛発生要因を特定
　　　ア　作業姿勢
　　　イ　重量負荷
　　　ウ　作業頻度・作業時間
　　　エ　作業環境

リスクの見積り → 対策の決定

5 メンタルヘルスケア

　仕事に余裕がなく、周りの協力も得られない状況でストレスは高まるが、この高まっているストレスを軽減するよう働きかけるのがメンタルヘルスの根本対策である。ここでは、快適な職場環境の形成やパワーハラスメントの未然防止、メンタルヘルス不調で休業した部下が復職したときのその後の対応について学ぶが、部下の身近な存在である職長の果たす役割として重要なことは、職場環境の問題や部下の不調などに早めに気づく「気づき役」となり、上司等へ取り次ぐ「パイプ役」となることである。

（1）職場環境改善

ア　職長による働きかけ

　仕事が忙しくて余裕がなく、周りの協力も得られないという状況では働きにくく、ストレスを高める原因となる。この状況が長く続くとやがて不安や気分の落ち込みなどだけでなく、体調にも影響が出ることになる。一方、職場内でのコミュニケーションが良好で、快適で働きやすい環境の中では働きがいを感じるため、メンタルヘルス不調者も出にくくなるばかりでなく、一人ひとりの生産性を向上させることにもなる。このように高まっているストレスを軽減する働きかけを行う職長の果たす役割は大きい。

イ　ストレス要因となる職場環境等の現状把握（評価）

　ストレスに関係した職場環境には、騒音、照度、温度、湿度などの「物理化学的環境」、作業スペース、作業姿勢などの「人間工学的側面」、「仕事の負担（質、量）」、「仕事の自由度・裁量権」、「職場の組織及び人事労務管理体制」、「職場の文化や風土」な

どがある。

　また、職場のストレス要因を評価する方法としては、部署内の従業員との話し合い（コミュニケーション）や職場巡視、質問票調査などがあるが、ストレスチェックを実施している事業場では、部署ごとの集団分析結果から、「仕事の要求度」、「仕事のコントロール」、「職場の支援」の３つを数値化して評価することができる（**図8-10**）。仕事の要求度（仕事の量的、質的負担）が高く、仕事のコントロール（自由度や裁量権、技術の活用）の低い職場はストレスが高くなる。さらに、職場の支援の低い場合は孤立化するためにストレスフルになり、メンタルヘルス不調発生リスクが高くなる。

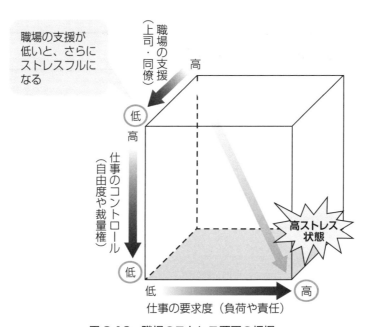

図8-10　職場のストレス要因の把握
（仕事の要求度―コントロール―サポートモデル（karasek）より、一部改変）

ウ　働きやすい職場環境等

　ストレス要因となる職場環境の現状が把握できたら、それらの要因に対しての改善を図るようにする。この改善への取り組みには職長が主体となって行うこともできるが、職長の権限を越えた対策をしないことと、職長の独りよがりな対策にならないようにすることも必要である。そこで、部署内の従業員が参画して、いかに働きやすい職場にするかという改善策について話し合う場を設ける方法もある。特に部署内のみんなで話をして決定した改善策についてはきめ細かい対策で実行性が高く、従業員同士のコミュニケーションが改善されるなど、良い効果を上げていることが分かってい

る[1]。

　ストレス要因となっている可能性のある問題をみんなで話し合って、できるだけ具体的にリストアップし、それぞれについて議論して、改善する優先の順位をつけ、可能な改善計画を立てる。改善策のリストアップには「職場環境等改善のためのヒント集」を利用するとよい。

文献
1)「科学的根拠に基づいた職場のメンタルヘルスの第一次予防のガイドライン　職場のメンタルヘルスのための職場環境改善の評価と改善に関するガイドライン」：吉川徹 他、『産業ストレス研究』（2013）

エ　職場環境等の改善に用いるヒント集

　職場環境等の改善活動で、いきなり改善策を考えることにすると何から手をつけていいのか分からない。そこで、働きやすい職場づくりに役立った職場の良好事例をもとに開発された「職場環境改善のためのヒント集」（メンタルヘルスアクションチェックリスト、以下「ヒント集」という。）を活用するとよい（**表8-8**）。このヒント集は、職場で実際に行われている事柄でストレスが軽減するのに役立った事例を収集し、6つの領域に分類して整理した職場の良好な事例集であり、職場で取り上げる改善策を選択形式で選ぶチェック方法となっている。それぞれのチェックポイントは、働きやすく、ストレス対策に有効だった事例を多面的に取り上げているので、自部署の職場に合わせた職場環境等の改善への目のつけどころや改善の考え方を理解することにも活用できる。

表8-8　現場で行いやすいアクションの6領域

A　作業計画への参加と情報の共有	少人数単位の裁量範囲、過大な作業量の調整、情報の共有
B　勤務時間と作業編成	ノー残業日などの目標、ピーク作業時の作業変更、交代制、休日
C　円滑な作業手順	物品の取り扱い、情報入手、反復作業の改善、作業ミス防止
D　作業場環境	温熱・音環境、有害物質対応、受動喫煙の防止、休養設備、緊急時対応
E　職場内の相互支援	相談しやすさ、チームワークつくり、仕事の評価、職場間の相互支援
F　安心できる職場のしくみ	訴えへの対処、自己管理の研修、仕事の見通し、昇格機会の公平化、緊急の心のケア

（出典：厚生労働省「メンタルヘルス対策に重点をおいた職場環境等の改善マニュアル」）

オ　「職場環境等の改善活動」を進める上での留意点

　「職場環境改善」というと、問題となる箇所を見つけ出し、そこを改めるものと思うかもしれない。しかし、ここではまず「働きやすい職場づくりに役立っている良い点」に着目する。例えば、ある職場では、「ノー残業デーがあり、仕事にメリハリがつけられる」、「更衣室、休憩室がきれいで気分転換になる」、「災害時対応のマニュアルがしっかりしているので安心」などである。このように働く場の良い点に着目した話し合いは誰もが発言しやすく、話合いでも活発になる。この多岐にわたる意見が出ることで、次の改善策を見つけやすく水平展開がしやすくなる。

　さらに、ここで取り上げる改善策は自分たちの手ですぐに実行できるものを優先する。例えば、低コストで他部署の協力を得ずにできることである。その結果、例えば「始業時にミーティングをする」、「納期に追われないよう事前計画を密に行う」、「些細なことでもありがとうと言う」など、日頃から行わなければいけないようなことが出てくる。

　このように当たり前な改善策であったとしても、職場の風通しが良くなり、快適で働きやすいと感じる職場になるため、ストレスが軽減するようになる。

　誰もがコミュニケーションをよくして、人間関係を良好に保ちたいと思っている。しかし、職場のIT化や個人作業の増大、コロナ禍で急速に広がったテレワークなど、コミュニケーションを妨げる多くの職場環境の問題がある。したがって、一見当たり前のような対策であったとしても、そこに至るまでの話合いを進める過程の中でお互いの理解を深めることになるため、実効性の高い改善策となって改善効果を高めることになる。

人間関係と職場環境

> コミュニケーションの少ない職場は
> 　●仕事の連絡や報告がうまくいかない
> 　　・トラブルを招く
> 　●それぞれが孤立しやすい
> 　　・「自分がやらなければ」と仕事を抱え込む
> 　　・周囲の支援が得にくく、ストレス過重になる
> コミュニケーションの良い職場は
> 　●職場全体が明るくなる
> 　　・心もからだも元気になる
> 　●来訪者にも好印象を与える
> 　　・職場の評価も高くなる
> 　●長期的にはトラブル回避にもつながる

表 8-9 「職場環境改善のためのヒント集」を活用した改善活動

集団分析結果における課題	効果的な職場環境改善の計画例
仕事の量的負担が大きい	個人あたりの過大な作業量があれば見直す。 労働時間の目標値を定め残業の恒常化をなくす。 繁忙期やピーク時の作業方法を改善する。 休日・休暇が十分取れるようにする。 勤務体制、交代制を改善する。 個人の生活条件に合わせて勤務調整ができるようにする。 物品と資材の取り扱い方法を改善する。 個人ごとの作業場所を仕事しやすくする。 反復・過密・単調作業を改善する。 作業ミス防止策を多面に講じる。 衛生設備と休養設備を改善する。
仕事のコントロールが低い	作業の日程作成に参加する手順を定める。 少数人数単位の裁量範囲を増やす。 各自の分担作業を達成感あるものにする。 必要な情報が全員に正しく伝わるようにする。 作業の指示や表示内容をわかりやすくする。
上司の支援が低い	上司に相談しやすい環境を整備する。 チームワークづくりをすすめる。 仕事に対する適切な評価を受け取ることができるようにする。 昇進・昇格、資格取得の機会を明確にし、チャンスを公平に確保する。
同僚の支援が低い	同僚に相談でき、コミュニケーションがとりやすい環境を整備する。 チームワークづくりをすすめる。

(出典：「職場環境改善のためのヒント集」(メンタルヘルスアクションチェックリスト)から作成)

カ　職場環境改善活動は計画的に

　職場環境の改善活動は 1 度行えばよいというものではない。それは環境を変えること自体がストレスの要因になるからである。改善したことが良かったのかどうかを見直す必要があり、さらには経済の動向による会社の方針や、組織の変更、人事異動など、職場環境は刻々と変わる。また、改善によりすぐに職場の雰囲気が良くなったと感じられるものでもない。少なくとも 1 年に 1 回は話合いをして、改善効果の有無を確認しながら改善してよかった点、効果が見られなかった点などを確認する。

　この話合いにおいても「改善してよくなった点」を挙げてから、「改善できなかった点」についての意見交換を行う。改善できなかった理由の多くは、当然のことであるが提案どおりに実施しなかったことである。「業務が忙しくて実施には至らなかった」、「役割分担や実施の日程が明確ではなかった」、「改善点が多く出たが、絞りきれずにどれも手がつけられなかった」など、具体的な実行計画が立てられなかったことにある。このような場合には、実行できなかった原因を明らかにして、即実行できる

改善策とは何かを提案し直すよう促すことである。

　いずれにしても理想的な改善策を挙げるのではなく、当たり前と思われていることでも合意の上で実施することである。できることから始めて、働きやすいと感じられれば、次からは短時間ミーティングであっても改善提案が出されるようになる。誰もが働きやすい職場で働きたいと思っており、改善効果が実感できると建設的な意見が出るようになる。

（2）職場におけるパワーハラスメントの防止

ア　パワーハラスメントとは

　パワーハラスメント防止対策の法制化により、職場におけるパワーハラスメント（以下、「パワハラ」という。）の要素について**表8-10**の１～３すべての要素を満たすものが「職場のパワハラ」に該当するとされることになる。

表8-10　パワハラの概念

１　優越的な関係に基づいて（優位性を背景に）行われること	パワハラを受ける労働者が行為者に対して抵抗または拒絶することができない蓋然性が高い関係に基づいて行われること。 （例）・職務上の地位が上の者による行為 　・同僚または部下による行為で、当該行為を行う者が業務上必要な知識や豊富な経験を有しており、当該者の協力を得なければ業務の円滑な遂行を行うことが困難であるもの 　・同僚または部下からの集団による行為で、これに抵抗または拒絶することが困難であるもの
２　業務の適正な範囲を超えて行われること	社会通念に照らし、当該行為が明らかに業務上の必要性がない、またはその態様が相当でないと思われるものであること。 （例）・業務上明らかに必要性のない行為 　・業務の目的を大きく逸脱した行為 　・業務を遂行するための手段として不適当な行為 　・当該行為の回数、行為者の数等、その態様や手段が社会通念に照らして許容される範囲を超える行為
３　身体的もしくは精神的な苦痛をあたえること、または就業環境を害すること	当該行為を受けたものが身体的もしくは精神的に圧力を加えられ負担と感じること、または当該行為により職場環境が不快なものとなったため、能力の発揮に重大な悪影響が生じる等、当該労働者が就業するうえで看過できない程度の支障が生じること。苦痛や就業環境を害することかの判断は「平均的な労働者の感じ方」を基準とすることが考えられるが、業種・業態等によって異なり共通認識が十分に形成されているとはいえない状況であることも指摘されている。 （例）・暴力により障害を負わせる行為 　・著しい暴言を吐く等により、人格を否定する行為 　・何度も大声で怒鳴る、厳しい叱責を執拗に繰り返す等により、恐怖を感じさせる行為 　・長期にわたる無視や能力に見合わない仕事の付与等により、就業意欲を低下させる行為

　また、パワハラの行為について、**表8-11**のような6つの類型に分けて具体的な実例が紹介されている。

表8-11　職場におけるパワハラに該当すると考えられる例／該当しないと考えられる例

代表的な言動の類型	該当すると考えられる例	該当しないと考えられる例
(1)　身体的な攻撃 （暴行・傷害）	① 殴打、足蹴りを行う ② 相手に物を投げつける	① 誤ってぶつかる
(2)　精神的な攻撃 （脅迫・名誉棄損・侮辱・ひどい暴言）	① 人格を否定するような言動を行う。相手の性的指向・性自認に関する侮辱的な言動を含む ② 業務の遂行に関する必要以上に長時間にわたる厳しい叱責を繰り返し行う ③ 他の労働者の面前における大声での威圧的な叱責を繰り返し行う ④ 相手の能力を否定し、罵倒するような内容の電子メール等を当該相手を含む複数の労働者宛てに送信	① 遅刻など社会的ルールを欠いた言動が見られ、再三注意してもそれが改善されない労働者に対して一定程度強く注意 ② その企業の業務の内容や性質等に照らして重大な問題行動を行った労働者に対して、一定程度強く注意
(3)　人間関係からの切り離し （隔離・仲間外し・無視）	① 自身の意に沿わない労働者に対して、仕事を外し、長期間にわたり、別室に隔離したり、自宅研修させたりする ② 一人の労働者に対して同僚が集団で無視をし、職場で孤立させる	① 新規に採用した労働者を育成するために短期間集中的に別室で研修等の教育を実施する ② 懲戒規定に基づき処分を受けた労働者に対し、通常の業務に復帰させるために、その前に、一時的に別室で必要な研修を受けさせる
(4)　過大な要求 （業務上明らかに不要なことや遂行不可能なことの強制・仕事の妨害）	① 長期間にわたる、肉体的苦痛を伴う過酷な環境下での勤務に直接関係のない作業を命ずる ② 新卒採用者に対し、必要な教育を行わないまま到底対応できないレベルの業績目標を課し、達成できなかったことに対し厳しく叱責する ② 労働者に業務とは関係のない私的な雑用の処理を強制的に行わせる	① 労働者を育成するために現状よりも少し高いレベルの業務を任せる ② 業務の繁忙期に、業務上の必要性から、当該業務の担当者に通常時よりも一定程度多い業務の処理を任せる
(5)　過小な要求 （業務上の合理性なく能力や経験とかけ離れた程度の低い仕事を命じることや仕事を与えないこと）	① 管理職である労働者を退職させるため、誰でも遂行可能な業務を行わせる ② 気にいらない労働者に対して嫌がらせのために仕事を与えない	① 労働者の能力に応じて、一定程度業務内容や業務量を軽減する
(6)　個の侵害 （私的なことに過度に立ち入ること）	① 労働者を職場外でも継続的に監視したり、私物の写真撮影をしたりする ② 労働者の性的指向・性自認や病歴、不妊治療等の機微な個人情報について、当該労働者の了解を得ずに他の労働者に暴露する	① 労働者への配慮を目的として、労働者の家族の状況等についてヒアリングを行う ② 労働者の了解を得て、当該労働者の機微な個人情報（左記）について、必要な範囲で人事労務部門の担当者に伝達し、配慮を促す

（出典：「事業主が職場における優越的な関係を背景とした言動に起因する問題に関して雇用管理上講ずべき措置等についての指針（令和2年1月15日厚生労働省告示第5号）」）

イ　パワハラと指導の違い

　職長は、部下が安全に働くよう配慮する責任がある。無意識な動作やうっかり、ぼんやりなどの不安全行動に、時に厳しく注意をしなくてはいけないこともある。しかし、部下は自分の失敗を自覚したとしても、そのときに感情的に怒鳴りつけてしまうことで、反感や怒りの感情にとらわれ、注意による教育効果をもたらすよりも、人間

関係の悪化を招くことにもなりかねない。

　なお、業務上必要な指示や注意・指導であっても不満に感じる場合もあり、個人の受け取り方によっては、パワハラと受け止められることがある。このように「業務上の指導との線引きがむずかしい」が、職場の業務を円滑に進めるために、職長には一定の権限が与えられている。業務上必要な指示や注意・指導などもその一つであり、厳しい指導であっても「業務上の適正な範囲」と認められる限り、パワハラには当たらない。

表 8-12　パワハラと指導の違い

	パワハラ	指　導
目　的	相手をバカにする・排除する 自分の目的の達成（自分の思いどおりにしたい）	相手を尊重する 相手の成長を促す
業務上の必要性	業務上の必要性がない（個人生活、人格まで否定する） 業務上の必要性があっても不適切な内容や量	仕事上必要がある、または健全な職場環境を維持するために必要なこと
態　度	威圧的、攻撃的、否定的、批判的	肯定的、受容的、見守る、自然体
タイミング	過去のことを繰りかえす 相手の状況や立場を考えずに	タイムリーにその場で 受け入れ準備ができているときに
誰の利益か	組織や自分の利益優先 （自分の気持ちや都合が中心）	組織にも相手にも利益が得られることを（組織の利益と個人の利益との接点を見出す）
自分の感情	いらいら、怒り、嘲笑、冷徹、不安、嫌悪感	穏やかな、温かな、きりっとした、好意
結　果	部下が委縮する 職場がギスギスする 退職者が多くなる	部下が責任をもって発言、行動する 職場に活気が出る

ウ　なぜパワハラが起きてしまうのか

　パワハラが起きる状況には次のような要因（例）が挙げられる。

表 8-13　パワハラが起きる要因

①行為者側の問題	・過剰なストレスを抱えている ・「しごく」ことで人が動くという誤解 ・コミュニケーションの希薄化によるズレに気づかない ・失敗が許されない、失敗への許容度が低い
②被害者側の問題[※]	・社会ルール違反、マナーの欠如 ・無責任な態度
③職場環境の変化	・競争の激化、業務の多忙化、業績不振など ・不公平感を生む雇用形態 ・お互いを尊重し合う意識の欠如

※　被害者側に問題行動等があった場合においてもパワハラを行ってもよいという理由にはならない。

エ　働きやすい職場環境に対する配慮

　職場のパワハラの問題は決して個人的な問題ではない。事案によっては、行為者だけではなく、管理者や企業も法的責任が問われる。パワハラ問題は企業の危機管理、経営上の重要な問題であることから、職長は防止・解決の必要性を十分に認識しなければならない。

　職長は、職場のパワハラを未然に防止するために、日頃から職場内での適切なコミュニケーションが保たれるよう心がけ、職場内の雰囲気や従業員の様子などに気を配り、パワハラの兆候を早期にキャッチして、大きな問題に発展する前に迅速な対応を講じることが必要である。

【パワハラにならないためのコミュニケーションとは】
・業務上の指示や指導、教育の適切な方法を理解
・自分の感情に気づく（怒り、怖れ、悲しみ、焦り、妬み）
・まずは気持ちを落ち着かせ、相手の話に耳を傾ける
・攻撃でなく「自分の要望を伝える」
・相手を見て接し方を工夫する
・不要な誤解を招かない
・お互いを尊重、理解する
・隠れたパワハラがないか、周囲のメンバーの変化に注意
・パワハラを起こさせない、職場環境づくりの役割を理解

（3）部下の職場復帰を支える

　職長が、職場復帰した部下に対し「復職した以上はきちんと仕事をしてほしい」と考えることは自然である。しかし、いきなり以前と同じ質、量の仕事をこなすことはむずかしい。また、一時的に回復しても体調を再び崩すことも少なくない。復職者は「職場では自分はどう思われているのだろうか」、「職場にうまく適応できるだろうか」、「再発するのではないか」といった不安な気持ちや休職中の遅れを取り戻そうと無理をする可能性もある。このような気持ちを持つことを職長は受け止め、対応することが望まれる。復職者が「職長は自分のことを分かってくれている」と感じることができれば、復職者の職場での緊張は大幅に軽減される。そして、職長の復職者への適切な対応は、復職者だけでなく同じ職場で働く従業員の緊張をも和らげ、働く意欲向上にも効果をもたらす。

　以下、メンタルヘルス不調で休職した場合の対応を中心に解説する。

ア 「うつ病」の回復と職場復帰

主治医から「復帰可能」の判定が出たとしても、投薬やカウンセリングなど治療は継続していることも多い。うつ病が回復に向かうときは、通常「良い状態」と「悪い状態」の波を繰り返しながら徐々に回復に向かっていく（**図8-11**）。波があることは回復の証拠ともいえるが、そのために復職直後は職業生活の遂行が不安定なこともある。円滑な職場復帰のためには、職長をはじめとする部署内の人たちがそのことを十分に理解したうえで接することが大切である。復職後の日々の勤務状況を確認し、健康状態の変化に気づくことも職長の重要な役割といえる。気になることがあれば、抱え込んだり見て見ぬふりをしたりしないで、すぐに上司に報告・相談することである。

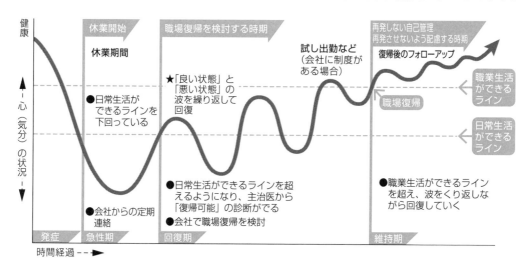

図8-11 「うつ病」からの回復と職場復帰の経過（モデルケース）

イ 復職後の再発リスクとフォローアップ

復帰後に最も注意する必要があるのは再発であり、これを防ぐことが課題だとされている。特に初回の場合は職場復帰が順調に進むことが多いが、一度再発して二度、三度と再発を繰り返すと職場復帰が難しくなる。

このため、職場復帰の際には、復帰者の体調が職業生活ができるレベルまで回復しているかを確認することと復帰後の継続的なフォローが大切である。

（ア）通院・服薬を支持する

うつ病は、一時的に良くなっても、また悪くなる時期がくる。「調子が良くなった」と思うと通院や服薬の必要性が感じられなくなる。または、仕事を休んで通院することに対する後ろめたさから、勝手に通院を中断することもある。しかし、自己判断で止めて再発してしまうケースも多いため、職長としては「通院することは良いこと」と支持して通院しやすいよう十分配慮し、薬については、「主治医とよく相

談してきちんと服薬し続ける」よう勧める。

（イ）無理をしない（させない）

　復職者は、以前のように働こうと焦るため実際に回復した程度を超えて働いてしまうことがある。しかし、長期休業後は体力も集中力も低下している。したがって、しばらくの間は残業させないなどの配慮が必要である[1]。疲れ具合などを聞きながら、まずは無理せず「会社に通い続けられるようにする」ことが最優先であることを話し合い理解してもらう。

　しかし、うつ病は「自分は価値がない、役に立たない」と思う症状があるため、良かれと思って過度に仕事を減らすと、かえって「職場で必要とされていない」という焦りを助長したり、自己嫌悪に陥らせたりしてしまう。「仕事をさせない」のではなく「無理をさせない」ことが大切である。調子をみながらゆっくりペースを上げればよいこと、気にかかることはいつでも相談に乗ることをきちんと伝えながら、十分コミュニケーションを取ることである。また、毎日行った仕事をメモしてもらうと良い。仕事の進捗状況を客観的に見ることは本人の自信につながり、職長も次の段階の仕事を任せる判断の目安となる。

（ウ）仕事の指示の与え方

　復職者に仕事を指示するとき、あまり事細かにあれこれ言うと本人の気持ちに負担をかけてしまうのではないか、と気づかい大まかな指示に留めてしまうこともある。しかし、「職場復帰支援プラン」に基づき仕事をしてもらうときは、十分な時間と余裕をもちながら、「いつまでに・どこで・誰と・何を・何のために・どのようにするか（5W1H）」を明確に伝えることである。復帰直後は、考えたり判断したりすることが本人にとって大きな負担となることがある。詳細に指示することが、負荷を軽減する支援となる。また、周りの同僚には、仕事の負荷を少しずつ上げるよう配慮している途中であり、特別扱いではないことを伝え、理解を求める。

（エ）日頃の観察と声かけ

　再発する原因には「職場環境の問題が休職前から改善されていない」、「相談の機会がとりづらい」、「焦って無理に仕事をしてしまう」などさまざまである。身近に接する職長が本人の様子を確認し、調子が悪そうだったり、がんばり過ぎていたりなど気になったときには声かけをする。このことで本人の気づきを促し、再発につながる問題に早めに対処することができる。

---

[1]　復帰可能と判断されたら、人事労務担当者などを中心として「職場復帰支援プラン」が作成される。「職場復帰支援プラン」は、休業していた労働者が復職するにあたって、復帰日、就業上の配慮など個別具体的な支援内容を定めたものである。

職長からの声かけは、何よりも本人の安心につながる。ひとりで抱え込まないよう、職長からコミュニケーションを取る姿勢が必要である。

回復が遅れている場合は復帰プランの見直しの検討が必要になるので、気づいたことがあれば上司に速やかに報告し、相談することである。

職長に求められる心得と対応

【職長に必要な復職者を支援するための心得】
・特別な理由がない限り元の職場への復帰が基本
・順調に回復しているようにみえる場合でも、3〜6カ月後に再発することがある
・復職者の心理状態には波がある
・長期間にわたる定期的な通院が必要な者が多い
・復職者は仕事がうまくいかないことも多い

【職長に必要な復職者への対応】
・他の部下と同様に処遇し、特別扱いはしない
・作業内容は元の仕事に比較して単純なものを労働時間に見合った量だけ与える
・復職者の心理状態の波を、「良好」「平均的」「低下」などに区分し、それぞれのレベルと持続時間を総合して回復状況を把握する
・「通院することは良いことだ」と支持する
・医師から処方されている薬を飲むことに対する否定的な発言をしない
・復職がうまくいかない場合は、職長は自分だけで背負い込まないで、上司と相談し連携する

（オ）病名についての取り扱い上の注意

心身の状態に関する情報は要配慮個人情報であり、本人の同意がなければ他者に漏らしてはいけない情報である。このため、病名の取り扱いにあたっては事業場の個人情報（健康情報）の取り扱いのルールを確認し、それに沿って行う。

一方で職場復帰に際しては周囲の理解と協力が必要である。復帰者に対しての配慮や協力を求める必要がある場合は病名ではなく、職場復帰プログラムにより決定された復帰者の就業上の措置や産業医の指示を伝え、協力してほしいことを具体的に伝えるようにする。

【参考】職長自身のセルフケア

　職長が部下に対して的確に対応するためには、自分自身の心の健康を管理すること（セルフケア）が不可欠である。セルフケアの内容には、「ストレスへの気づき」と「ストレスへの対処」があり、その鍵となるのが「いつもと違う」自分に気づくことである。また、ストレスへの対処の中で大事なことは、問題となるストレスを自分自身がいつまでも抱え込まずに身近な人や上司などに「相談する」ことである（**図8-12**）。

(1) ストレスへの気づき
・心の健康について理解し、自らのストレスや心の健康状態について適切に認識できるようになる。ストレスチェックも活用する。

(2) ストレスへの対応
・積極的に自らのストレスを予防または軽減する
・対処法を身につけ、対処能力を向上させる

(3) 自発的な相談
・身近な人や管理監督者、事業場内産業保健スタッフ、事業場外資源に自ら心の健康問題について相談する

図8-12　メンタルヘルスケアのための「セルフケア」

(1) ストレスへの気づき

　部下に対するメンタルヘルスケアでは、職長は「いつもと違う」部下の様子に気づくことであるとした。これは行動上に表れたストレス反応に気づくことを意味している。それでは、職長自身が気づく自らのストレス反応には何があるかというと、体調（睡眠や食欲）の不良、イライラする、落ち着かない、気分が沈むなどの、心やからだから生じる症状である。この自分で気づく変化をチェックリストの形でまとめると右上の囲みのようになる。※

　「いつもと違う」に気づいたときは、心の病気の前兆であることも考えられるので、ストレスの原因は何かを見極めて、早く対処行動を起こすことが大切である。心の病気もからだの病気も早く気づいて対処することにより、悪化を防ぐことができるからである。

　平成27年にはストレスチェック制度が法制化され、従業員数50人以上の事業場では事業者にストレスチェックの実施が義務付けられている（**図8-13**）。ストレスチェックは、自分のストレスがどのような状態にあるのかを調べる簡単な検査であり、ストレスが高いと判定された人は医師による面接指導を受け、事業場側に仕事の軽減などの措置を実施してもらうことができる。なお、ストレス反応が高く出て「高ストレス」という結果になっ

ストレス反応の例

表　自分で気づく変化を☑チェックしてみよう
□　よく眠れない。朝、早く目が覚めてしまう。床離れが悪い。 □　食欲がない。 □　疲れやすく、身体の調子がなんとなく悪い。 □　気力、集中力、根気がない。 □　何をしても楽しくない。テレビを見ていてもいつものように面白いと思えない。 □　考えがまとまらない。判断がてきぱきとできない。 □　ささいなことに優柔不断になり、仕事がたまる。 □　電車に乗ると心臓が苦しくなり、電車に乗れない。 □　他人が自分を監視しているようだ、あるいは、追いかけられているように感じる。

※　該当項目が複数あったら無理をしないで、次の「(2) ストレスの対処」を参考にして、一息つきましょう。なお、該当項目が今までなかったのに、最近2週間、ほとんど毎日認められ、仕事や日常生活に支障が出てくると気づくようであれば、早めに医師などの専門家に相談しましょう。

たとしても病気であると判定されたわけではない。医師による面接指導から、自分では気づかなかった心やからだの不調に気づくこともあり、適切な対応のきっかけができることになるので、毎年受検することが望まれる。

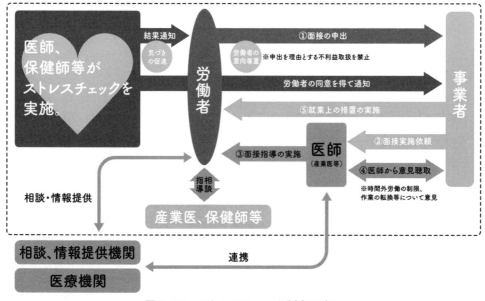

図 8-13　ストレスチェック制度の流れ

（2）ストレスへの対処

　ストレスはなくすことも避けることもできないが、「ためない」ようにすることはできる。これがストレスと上手につきあうポイントである。ストレスをためないようにするには、その日のうちに対処して翌日に持ち越さない生活を心がけることである。また、日頃から生活リズムを整えるよう心がけ、趣味など自分の好みにあった活動をするなど、以下の囲みに示す「ストレス対処の３つのR」を心がけると良い。あわせて、具体例を「ストレスへの対処法（例）」に示した（**表8-14**）。

ストレス対処の３つのR

Rest（レスト：休養・睡眠）
　　計画的な休暇の取得
Relaxation（リラクセーション：癒やし）
　　音楽を聴く、アロマセラピーを楽しむ、呼吸法やストレッチなどでくつろぐ
Recreation（レクリエーション：気晴らし）
　　娯楽、余暇、レジャーなど心から楽しみ、脳や体を活性化する

表8-14　ストレスへの対処法（例）

① 生活リズムを整える	a しっかりと質の良い睡眠をとる ・起きたら朝日の光をあびる ・毎日十分な睡眠時間を確保 ・食事は寝る２時間前まで ・就寝前の飲酒、喫煙、コーヒーなどのカフェイン摂取はしない ・就寝前のテレビやスマートフォン、パソコンの操作はしない b バランスの取れた食事 ・一日３食、規則正しく食べる ・ゆっくりよくかんで食べる ・栄養バランスがとれた食事をする ・DHA、EPAを含む青魚を積極的にとるようにする c 適度な運動 ・駅までの行き帰り、10分ずつ遠回りする ・エレベーターより階段を使う ・無理はせず、マイペースで運動する ・競技ではなく、楽しみながら運動をする
② ストレス解消法を見つける	・自分に合ったストレス解消法がある ・仕事のことは忘れ、熱中できる趣味や楽しみがある ・定期的に気分をリフレッシュする

| ③ | 職場では | a | 仕事
・仕事に意義ややりがいを感じる
・働きすぎになっていない
・職場での人間関係はうまくいっている
b 休養
・仕事の合間に定期的に休む時間をつくる
・昼休みをしっかりとる
・一日の中で、ゆったりくつろげる時間がある |
| ④ | コミュニケーション | | ・気軽に相談できる友人・知人がいる
・経済的に困ったときに支援してくれる人がいる
・自分のことを認めてくれる人がいる |

（3）自発的な相談

　ストレス要因がはっきりしている場合には、それを取り除いたり回避したりするための行動をすることを優先する。しかし、個人の力では対処できないこともあるので、自分だけで抱え込まないように、上司や同僚、友人、さらには事業場内産業保健スタッフ[1]や事業場外資源[2]を活用して、自発的に相談することが大切である。

　「いつもと違う自分」に気づき、その原因について考えてもよく分からないときには相談することが何よりも大切である。直近の2週間の自分の状態を振り返り、ほとんど毎日、1日中「強い憂うつ感、悲しさ、むなしさ、空虚感などを感じる」または「何をやってもつまらなく感じ、喜びというものを感じない」という状態が続き、「食欲がないか食欲がありすぎる」、「眠れない」、「体調がよくない」という症状が毎日認められるようであれば、自分だけで処理しようとしないで、上司や産業医など周囲の人に相談したり、助けを求めたりすることが大切である。

　「いつもと違う自分」に気づいていながら誰かに頼むのは申し訳ない、上司や会社に相談しにくい場合は、地元の保健所、労災病院、都道府県精神保健福祉センターおよび「働く人のこころの耳相談」等の公的な相談窓口を利用するとよい。

　何よりも大事なことは「いつまでも抱え込まない、抱え込ませない」ことである。

[1] 事業場内産業保健スタッフ：産業医、保健師、心理職（公認心理師、産業カウンセラー、心理相談担当者等）、衛生管理者、人事労務担当者（相談窓口）等
[2] 事業場外資源：事業場や健康保険組合が契約している相談機関、公的な相談窓口（労災病院メンタルヘルスセンター、精神保健福祉センター、保健所・保健センター、いのちの電話等）
参考：「働く人のメンタルヘルス・ポータルサイト-こころの耳」にも専門機関が掲載されている（https://kokoro.mhlw.go.jp/agency/）

6 その他の「事業場における安全衛生活動」

　事業場における安全衛生活動については、第 1 節～第 5 節の各項目のほか、事業場が必要と判断し、かつ職長の能力向上のための専門の安全衛生教育として適切な項目がある場合は、内容・構成・実施方法等の検討・決定、教材の準備のうえ実施する（なお、実施した内容も含め、その結果を事業場において記録として残すこと）。

労働安全衛生マネジメントシステムの仕組み

第9章　選択

1 職長の立場からみた労働安全衛生マネジメントシステム

　労働安全衛生マネジメントシステム（Occupational Safety and Health Management System。以下「OSHMS」[1] という。）は、品質マネジメントシステム（ISO9001）、環境マネジメントシステム（ISO14001）等と同様に、ISO[2] が国際規格化を行い、平成 30 年 3 月に「ISO45001」が発行された。日本国内においては、ISO45001 を日本語に翻訳した JIS Q 45001 [3] と、これに日本独自の安全衛生自主活動などを盛り込んだ JIS Q 45100 が平成 30 年 9 月に制定された。

　厚生労働省は「労働安全衛生マネジメントシステムに関する指針」（以下「OSHMS指針」という。）を平成 11 年に示し、リスクアセスメントを盛り込む改正を平成 18 年に行い、ISO、JIS の制定に合わせた改正を令和元年 7 月に行っている（図 9-1）。

　令和元年の OSHMS 指針改正は、①「同一法人の 2 以上の事業場」をひとつの実施単位とすることができるとされ、②安全衛生計画に含む事項として、「健康の保持増進のための活動の実施」、「健康教育」に関する事項が追加されるなど、第三次産業等での労働災害防止の推進や、健康経営・健康保持増進活動の強化といった最近の課題が反映されたものとなっている。

　上記のいずれも OSHMS であり、その特徴のひとつとして、その中心にリスクアセスメントがあること、PDCA サイクルにより推進されること等がある。これらは

※1　労働安全衛生マネジメントシステムは、ISOではOHSMSとの略称が使われている。
※2　ISO：国際標準化機構（International Organization for Standardization）
※3　JIS：日本産業規格（Japan Industrial Standards）

OSHMS 導入の有無にかかわらず、効果的な「労働災害防止の仕組み」のために重要
である。今後、安全衛生管理推進の基盤として、これまで以上に OSHMS の整備導入
が促進されることとなり、職長の職務内容にも影響を与えることになる。ここでは、
OSHMS の概要を紹介するとともに、今後の職長の役割について、改めて考える。

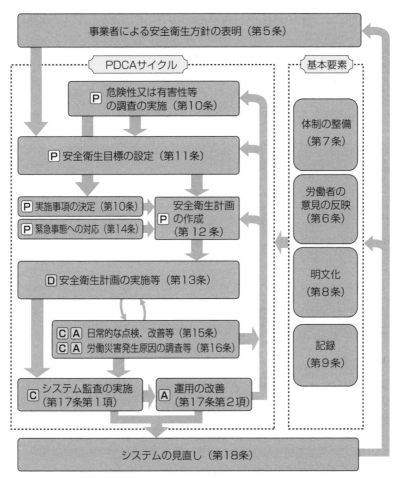

※ （ ）内は指針の条番号を示す
※ P、D、C、Aはそれぞれ「計画」、「実施」、「評価」、「改善」を示す

図 9-1　OSHMS 指針の概要

(1) OSHMS とは何か

ア　OSHMS の目的

OSHMS とは、事業者が労働者の協力の下に、安全衛生方針と目標を設定し、PDCA（Plan：計画→ Do：実施→ Check：評価→ Act：改善）のサイクルを回しながら、自主的に安全衛生管理を日常業務の中で行うことにより、事業場の安全衛生水準を向上させて労働災害の防止を図り、労働者の健康の増進および快適な職場環境の形成の促進をするものである。

このような目的の達成のため、リスクアセスメントの結果を踏まえて安全衛生目標・計画の設定・作成を行うことや、内部監査（厚生労働省の OSHMS 指針では「システム監査」という。）、システム自体の見直しなどの個々の仕組みや、それらの連携が要求される。

イ　OSHMS の概要

（ア）OSHMS のポイント

① 全社的な推進体制

② リスクアセスメントの実施

③ PDCA サイクルの自律的システム

④ 手順化、明文化および記録化

（イ）OSHMS の実施

具体的な OSHMS は、①〜⑩の流れで展開する。

---

① 事業者による安全衛生方針の表明
② 機械、設備、化学物質等の危険性又は有害性等の調査（リスクアセスメント）
③ 危険性又は有害性の調査結果及び労働安全衛生関係法令等に基づく実施事項の決定
④ 安全衛生方針に基づく安全衛生目標の設定
⑤ ④の安全衛生目標を達成するための、③の実施事項等を内容とした安全衛生計画の作成
⑥ 安全衛生計画の実施等
⑦ 安全衛生計画の実施状況等の日常的な点検及び改善等
⑧ 定期的なシステムの監査を実施
⑨ ⑦の結果に伴う事業者によるマネジメントシステムの見直しの実施
⑩ 上記を繰り返し、継続的に PDCA を実施

---

(2) OSHMS の導入と職長の役割

OSHMS の推進では次の 3 点について、職長の働きが重要となる。

① OSHMS が効果的な仕組みとして機能するためには、職長が率先垂範して取り組

み、作業者も含め職場全体をまとめていくことが期待されること。

② 職場の問題点（危険性又は有害性）の特定、リスクの見積り、リスク低減措置の検討等を進めるため、職長はリスクアセスメント手法について理解を深めるとともに、その実施に参画する必要があること。

③ 事業場全体の安全衛生計画の性格が、以前は安全・労働衛生週間等のイベント計画中心であったが、OSHMS の普及とともに、職場の問題点の効率的な解決に重点をおいたものに変化していることから、職長は事業場全体または部門の安全衛生計画について十分に理解を深め、職場の代表として安全衛生計画の策定に参画するとともに、その実施を推進することが必要となること。

職長の自職場における具体的課題として整理すると、次のように、「リスクアセスメント」と「職場の安全衛生実行計画の作成・推進」に関することがある。

ア　リスクアセスメントに関すること

リスクアセスメント、特に、危険性又は有害性（危険源、ハザード）の特定については、具体的には職場における機械、作業、環境等や管理の方法について、どこに危険性又は有害性があるのかを検討することが第一歩となる。職長は、「第一線の現場で人と機械と作業を掌握し、作業者を直接指導・監督しているもの」という立場から考えると、職長が一番職場を知っているだけに、職長に期待するところが大きくなろう。

① 法令について理解を深めること

② 職長自身が職場の「あるべき姿」を持つこと

③ リスクアセスメントについて理解を深めること

イ　職場の安全衛生実行計画の作成・推進に関すること

職場の安全衛生実行計画（現場の実行計画）の作成に参画し実施することは、職長の責務である。この計画を確実に実施するためには、職長自身が十分に実行計画への理解を深め、部下に対して十分な説明と指導を行うことが必要である。

① 各課（所属）の安全衛生計画策定への参画

② 安全衛生計画に基づく職場の安全衛生実行計画の作成

③ 部下に対する指導・教育の実施と職場の安全衛生実行計画の確実な実施

2 ISO（JIS Q）45001 と JIS Q 45100

　ISO45001は、ISOが国際規格化を行ったOSHMSであり、ISO45001を日本語に翻訳したものがJIS Q 45001である。両者は同一であるため、以下では単にISO45001と呼ぶ。ここでは、ISO45001および、それに日本独自の要求事項を盛り込んだJIS Q 45100について触れる。

　事業場へのISO45001の導入は、通常、経営者・管理者・安全衛生スタッフ部門などを中心として実施される。この際、規格において「事業プロセスとの統合」が求められているため、既存の業務と全く別にOSHMSの業務が独立に運用されるということにはならず、既存の業務に溶け込む形で運用されることとなる。したがって、その仕組みについて、職長として知っておくべきこととしては、①仕組みの概要、②職長の業務に直接関わる日常的な活動に関すること、の2点である。

　具体的な箇条の詳細な内容については、今後、業務で特に必要となることとなった場合に参照すればよい。

（1）ISO45001の箇条の概要

　ISO45001は、序文と箇条1～10で構成されている。箇条4～10には下位の箇条（細分箇条）が設けられている。序文から箇条3までには、規格の狙いや用語の定義などについて書かれている。それ以降の箇条では、次のことについて述べており、箇条のつながりの概要は**図9-2**のようになっている。

- **箇条4（組織の状況）**：組織内外の状況の把握など。安全衛生方針を立てたり、安全衛生目標を作ったりする上で基本となる情報。
- **箇条5（リーダーシップ及び働く人の参加）**：経営トップのリーダーシップの重要性や、安全衛生方針、OSHMSに関する役割の割振り、働く人と協議すべき事項など。
- **箇条6（計画）**：箇条4の状況を踏まえたリスク及び機会の評価と取組み事項の決定や、職場のリスクアセスメントなどを踏まえた安全衛生目標及び安全衛生計画の作成など。【P】
- **箇条7（支援）**：OSHMSの構築や運用に必要な資源（人的資源、インフラ、資金など）の決定と提供、必要な教育の実施やコミュニケーションの確保、文書化など。ISOでは、【D】に位置づけられているが、「実行（D）のための基本要素」と考えられ、PDCA全体を通して必要な要素である。
- **箇条8（運用の計画及び管理）**：箇条6の計画の実施、リスク低減方策、変更の管理、製品・サービス調達の管理、緊急事態対応など。【D】
- **箇条9（パフォーマンス評価）**：モニタリング、測定、順守評価、内部監査、マネジメントレビューなどの、パフォーマンス評価に関すること。【C】
- **箇条10（改善）**：箇条9のパフォーマンス評価を踏まえた取組み、インシデント（労働災害やヒヤリハット）への対処、不適合の是正処置、継続的改善などの、改善に関すること。【A】

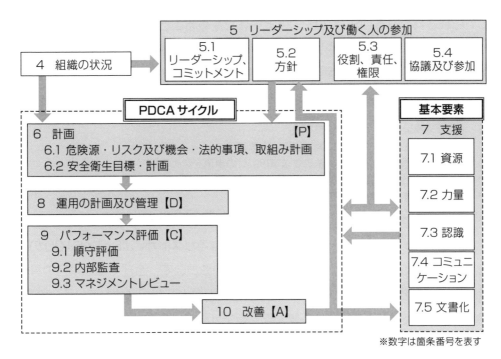

図 9-2　ISO45001 の全体像（概要）

　図 9-2 では箇条 7 を「基本要素」として示したが、前出の図 9-1（厚生労働省の OSHMS 指針の概要、143 ページ）と似た構造となっており、両者とも、個々の仕組みを連携させることにより、PDCA サイクルを確実に回していくとともに、システム自体を改善していくことが意図されたシステムとなっている。このように、OSHMS にはいろいろな基準（規格や指針）があるが、基本的に記載されている内容は同じといえる。

　ISO45001 は、箇条 4 の組織の状況把握などの結果が箇条 5 と 6 へのインプットとなることや、箇条 6 でリスクだけでなく機会を把握し、リスクや不適合に対応することに加え積極的に安全衛生水準の向上を進めることが特徴といえる。

(2) JIS Q 45100 の概要

　JIS Q 45100 は、日本の国内法令との整合性を図るとともに、多くの日本企業がこれまで採用し取り組んできた具体的な安全衛生活動、安全衛生管理体制を盛り込み、ISO45001 の要求事項と一体で運用することによって、労働災害防止および健康確保のための実効ある OSHMS を構築することを目的としたものである。

　日本では以前から危険予知活動など、さまざまな活動や取組みが行われてきたが、ISO45001 には具体的な活動に対する要求事項はないため、日本企業が ISO45001 を導入・運用するにあたっては、安全衛生活動、安全衛生管理体制が「追加要求事項」

として記載されている JIS Q 45100 と一体で進めることが望まれる。追加要求事項としては、OSHMS 実施体制やリスクアセスメント実施体制に関すること、手順の作成・文書化に関すること、安全衛生委員会の活用に関することのほか、安全衛生計画等の策定時に、以下の①～⑥の事項を含めることが求められている。

---

① 法的要求事項及びその他の要求事項
② 労働安全衛生リスクの評価に関する取組み事項
③ 安全衛生活動の取組み事項（法的要求事項以外の事項を含める）
④ 健康確保の取組み事項（法的要求事項以外の事項を含める）
⑤ 安全衛生教育及び健康教育の取組み事項
⑥ 元方事業者にあっては、関係請負人に対する措置に関する取組み事項

これらの取組み事項を決めるにあたって参考となるリストが、JIS Q 45100 の「附属書 A」としてあり、この附属書 A には、①～⑤について、全部で 56 項目の具体的な取組み例（「整理整頓活動」、「ヒヤリ・ハット活動」など）が記載されている。職長は、職場の安全衛生実行計画を作成する際、安全衛生計画に盛り込まれたこれらの取組みを重点実施事項として取り上げていくことにより、事業場全体の OSHMS の運用に対し職場として具体的・主体的に関わるとともに、PDCA サイクルを生かし、職場の取組みを改善していくことが望まれる。

第10章 選択 部下に対する指導力の向上（コーチング、確認会話など）

●この章のポイント●

　スポーツでも、コーチングスキルのすぐれた良いコーチに恵まれた選手は成長する。そこでこの章では、コーチングスキルのポイントとは何かについて学ぶ。

　また良い上司は、現場安全管理での危険箇所改善点への気づかせ方が上手である。そこでこの章では、気づかせ方のポイントについて学ぶ。

1 コーチング

（1）コーチングとは

　企業力向上のために多くの企業が"マネジメント力強化"、"リーダーシップ力向上"に取り組んでいる。個人の能力強化のためには OJT・off-JT を活用した「教育訓練」に取り組んでいるが、中でもコーチング技術導入は重要な課題である。「コーチング」は双方向の対話を通じ、自ら考え問題解決を行うサポーター役をコーチが行う。「コーチング」は（**図 10-1**）のような 3 項目を踏まえ、コーチされる人とコーチが 1 対 1 のコミュニケーションを通じて行われる。

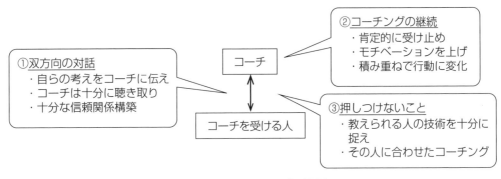

図 10-1　コーチングの概要

（2）コーチングスキル

コーチングの基本ステップは次の通り。

①目標の明確化 ②現状と問題把握 ③行動計画の作成 ④フォローと振り返り

コーチングスキルには、次の３つがある（**図 10-2**）。

・「傾聴スキル」……相手の話をよく聴いて承認
・「質問スキル」……的確な質問で話し手自身が自分の課題となることの気づきを得
　　　　　　　　　　られるようサポート
・「承認スキル」……評価し承認されることで、受け入れられたと感じる

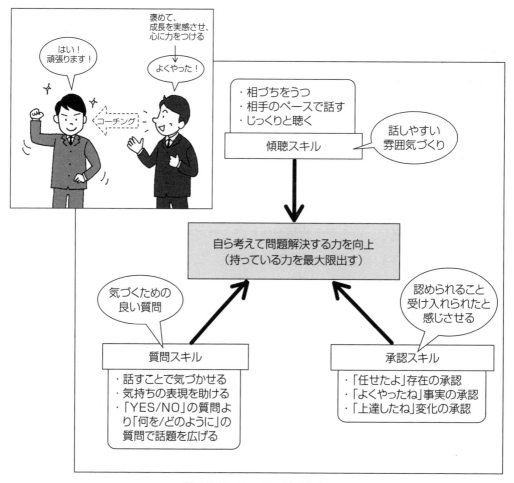

図 10-2　コーチングスキル

2 コミュニケーション力のアップ

(1) コミュニケーションの重要性

　日常管理とは、職場の業務目的を達成するための現場での基本活動のことであり、決められた業務の維持活動と小改善を含めた日常業務である。日常管理には部下との信頼を築くコミュニケーション（**図 10-3**）の 8 つのポイントが大切である。

あいさつとアイ・コンタクト ＜話し手が聞き手に与える影響＞ ・視覚情報（アイ・コンタクト、表情など） ・聴覚情報（声の大きさ・トーンなど） ・言語情報（言葉）	**部下それぞれの価値観の重視** 信頼関係に必要なのは相手の価値観を理解することである。職長は無意識に自分の考え（価値観）を押し付けていないか確認し、改めてお互いの価値観の確認も必要である。
効果的なミーティング活用術 職長は出された提案や意見などについて否定的な態度や対応はしてはいけない。 まずはすべてを受け入れ、そこから展開していくことが望ましい。	**傾聴** 〔3 つの傾聴スキル〕で褒める・認める・ねぎらう ・ミラーリング（お互いの動作を合わせる） ・マッチング（話し方を合わせる） ・バックトラッキング（相手の言葉を反復する）
話しやすい環境づくり 職長は話しかけやすい雰囲気づくりを心がけることが大切である。積極的に部下に話しかけ、何でも話せる関係ができることが好ましい。否定的・悲観的・批判的は NG である。	**理解と共感** 職長は部下が「目的志向型」か「問題回避型」なのかを理解し、部下の価値観に共感する声かけで、まずは相手を知ることが大切。職長の言葉が相手に大きな影響力を持つ。
IT を活用したコミュニケーション IT ツールの活用で、いつでもどこでもコミュニケーションが可能となった。今後も発展し続けるだろうが、コミュニケーションの主役は「人」であることを忘れず対応することが重要である。	**報・連・相（報告・連絡・相談）** 報・連・相は最も重要なコミュニケーション ・報告…結論を先に簡潔に！ ・連絡…必要な事実情報を即刻関係者に伝える ・相談…上司や周りの人の有効なアドバイスを求める

8つのポイントをしっかりと身につけることで、部下とのコミュニケーションもうまくいく！

リーダー（職長）

図 10-3　信頼を築くコミュニケーションの 8 つのポイント

（2）「ミスコミュニケーションによる労働災害」の防止

　職長が部下に作業指示を行う際のミスコミュニケーションによって労働災害が発生している事例も見られることから、このような労働災害を招くことがないようにコミュニケーション力を身につけることが重要である。

　事故はちょっとした言い間違いや聞き間違い（ミスコミュニケーション）により発生する場合がある。したがって、コミュニケーション能力向上の狙いのひとつに、ミスコミュニケーションによる事故・災害の防止がある。ここでは、各社が実施している「確認会話（復唱確認）」事例（**図 10-4**）を参考に、ミスコミュニケーションによる労災事故防止のための具体的対応策を学ぶこととする。

　なお、こうした教育は、現場の作業者への教育時にも活用できる。ただし、「確認会話」事例はあくまで参考であり、各社に合った場面での教材を使用すると、より効果のある学習となる。

ア　確認会話（復唱確認）の具体例（復唱の重要性とポイント）

図 10-4　製造業での確認会話事例

イ　ミスコミュニケーションによる災害事例

①　状況説明

　　工場内で発生したスクラップ材を屋外に搬出する必要があり、A 職長は屋外空きスペースにスクラップが置ける事を確認したのち、B 作業者にスクラップ材をフォークリフトで屋外の空きスペースに運搬するよう作業指示した（**図 10-5**）。

A職長：「フォークリフトで屋外空きスペースの海側にスクラップ①、山側にスクラップ②を運搬してください。」

B作業者：「了解しました。」（空きスペースの海側から一山ずつ。）

（B作業者はA職長のいう山側には置かないと理解した。）

図10-5　A職長とB作業者のミスコミュニケーション

　B作業者がフォークリフトでスクラップ①を海側に置こうとしたところ、すでに別のスクラップが置いてあり、その山側に①を置いた。続いて②を①の山側に置こうとしたが、スペースがなく、①の海側にすでに置かれていたスクラップの上に降ろすことにした。1本約50kgのスクラップ材をフォークリフトのフォークから降ろしているとき、スクラップ材で指を挟み負傷した（**図10-6**）。

図10-6　災害発生時の作業

② 望ましい会話例

A職長が曖昧さを解消した例

A職長：「屋外海側空きスペースのすでに置いているスクラップの山側にスクラップ①を置いてください。スクラップ②は山側のスペースに運搬してください。」

B作業者：「了解しました。海側の空きスペースのすでに置いてあるスクラップのとなりにスクラップ①、山側の空きスペースにスクラップ②を運搬します。」

B作業者が曖昧さを解消した例

Ａ職長：「屋外空きスペースの海側にスクラップ①、山側にスクラップ②を運搬して
　　　　ください。」
　Ｂ作業者：「了解しました。」
　　　　　（海側空きスペースに①と②を置くスペースが無い事に気づいた）
　Ｂ作業者：「海側空きスペースにスクラップ①を置くと②を置くスペースがあり
　　　　　ません。山側のスペースに置いてもいいですか？」
Ａ職長：「スクラップ②は山側スペースに置いてください。」
　Ｂ作業者：「了解しました。」

3 「改善に気づかせる」能力

部下自らが現場の危険を察知し改善できる能力を身につけることで安全な職場が確保される。部下に対し気づきおよび改善力向上を促すスキルを職長が身につけることが大切である（**図 10-7**）。

部下が「改善に気づく力」を身につけるためには、まず現場に 5 分間立ち、問題点をいくつ出せるかやってもらう。例えば「整理・整頓での危険はないか？」、「物流上では？」などポイントを絞ると問題点が見えてくる。これを毎日続けると改善すべき問題点や危険に"気づく力"が身についてくる。

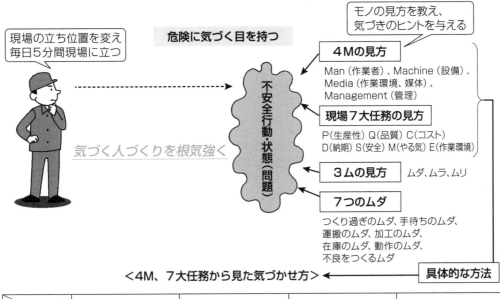

7大任務＼4M	作業者	設　備	作業環境	管　理
P（生産性） Q（品質） C（コスト） D（納期）				
S（安全） E（作業環境）	・ムリな作業は ・ヒヤリ・ハット件数は ・安全指摘件数は ・重量物のムリな作業は ・重量物で落下の危険は ・疲れる動作は	・不安全な設備は ・不安全箇所改善は ・高所作業は ・安定姿勢での作業か ・新規設備は ・自動化は	・作業は快適か ・作業環境不適合件数は ・作業場の整理・整頓は ・明るさは最適か ・地震対策は ・重量物運搬は	・危険箇所は明示か ・危険箇所の定期教育は ・安全作業の手順書は ・災害件数の管理は ・作業者の習熟度は ・標準時間は最適か
M（やる気）				

※　P：Productivity　Q：Quality　C：Cost　D：Delivery　S：Safety　E：Environment　M：Morale

図 10-7　改善に気づく眼を持つ

　問題点や危険に"気づく力"を身につけるとともに、リーダーは部下の「6項目の創造力」（**表 10-1**）を育てていくことが必要である。部下一人ひとりに向き合い、自信を持たせ、各人のスキルを高めることが会社のレベルアップ（安全な職場）につながっていく。

表 10-1　育てたい 6 項目の創造力

①　問題意識を持ち、作業から問題点を発見する能力………………………問題発見能力
②　基礎知識を生かし、それを応用することができる能力……………応用力
③　古いものを捨て、新しいものを取り入れる柔軟な思考力…………思考力
④　新しいヒントに従い、新しいアイデアを出すことができる………空想力
⑤　アイデアを出し、それを組み立てていく能力……………………構成力
⑥　まとめ上げ、新しいアイデアのものを使えるようにする…………完成力

【自ら改善できる。部下を褒めて育てる】

　安全のための規律マナーの向上や、前ページ（図 10-7）に示した自ら改善点に気づく努力、そして部下の褒め方や叱り方（**表 10-2**）など、優良な職場づくりのための知識が必要である。

表 10-2　褒め方・叱り方の原則

褒め方の原則	・目標を努力して達成したときのような、具体的な内容で褒める。 ・良いときはすぐ褒める。以心伝心を過信しないように。 ・真心を持って褒める。相手にゴマをするような態度は決してしない。 ・褒めるときはみんなの前で。 ・言葉ばかりでなく社内の表彰制度を活用することを考える。
叱り方の原則	・叱るときは 1 対 1 で。 ・「叱る」と「怒る」は似ているようで、まったく異なることを理解する。 ・「叱る」は相手の成長のために、「怒る」は自分の腹の虫を治めるために。 ・叱らなければならないときは、真剣に誠意を持って。 ・指導育成を目標にし、相手を失望させないよう言葉を選んで。 ・冷静に、場所を配慮して叱る。

4　その他の「部下に対する指導力の向上」

　部下に対する指導力の向上については、第 1 節～第 3 節の各項目のほか、事業場が必要と判断し、かつ職長の能力向上のための専門の安全衛生教育として適切な項目がある場合は、内容・構成・実施方法等の検討・決定、教材の準備のうえ実施する（なお、実施した内容も含め、その結果を事業場において記録として残すこと）。

第2編

グループ演習

グループ演習の進め方
（共通事項）

※「グループ演習」の科目は、講義において教育を行った内容（第1編のうち、第1部（必須）または第2部（選択）で実施したもの）に関連したテーマのものを、1つ以上選択して実施してください。

1 グループ演習の目的

職長能力向上教育のグループ演習の目的は、概ね次の3点に整理できる。

① 現場の具体的事例を踏まえた討議を進めることにより、講義内容の理解を深める。

② 受講者同士の討議を通じて、お互いが気づきあうことにより、受講者の講義内容の理解度のばらつきを少なくする。

③ 受講者自身の経験、知識、情報等を踏まえた、自主的、主体的な参加により自己啓発を図るとともに、メンバーとの連帯感、仲間意識、相互刺激などによる相互啓発を図る。

2 グループ演習の進め方

（1）全体の流れ

全体説明 → 自己紹介 → 役割分担 → 演習テーマ条件読合せ → 討議 → 発表・講評再認識教育

（2）進め方のポイント

ア 自己紹介

グループ演習を開始する前に、自分の業務内容などについて自己紹介を行う（同じ職場など、普段から知っている者だけのグループ演習であれば省略してよい）。（3）の「自己紹介メモ」を使用してもよい。

イ　役割分担について

①リーダー（司会）	司会進行、時間管理を行う。
②書記	討議用紙にメンバーの発言を記入する。模造紙、ホワイトボードに書いたり、パソコン（プロジェクターで映写）に文字入力する場合もある。
③発表者	討議終了後、全体に対して発表する。

以上の3者が基本の役割分担である。

さらに、演習の進め方により、次の役割も考えられる。

④レポート（記録）係	書記が模造紙や大型の討議用紙、ホワイトボード等に記入する場合に、記入された内容を手元の用紙に転記し、記録する。（パソコン入力の場合は不要）
⑤コメント係	他のグループの発表に対し、良かった点やアドバイスをコメントする。

（留意点）

◆リーダーの心構え＝①全員の意見が出るようにする。②出された意見を批判しない。③結論はグループの意見としてまとめる。④自分の先入観で良し悪しを判断しない。⑤時間配分に注意する。

◆コメント係は、批判係ではない。良い点を見つけて褒めることを第一とし、改善点は、良い点を指摘した後に「強いて言えば○○のようにするとさらに良かったのではないか」のように述べることで、相手のレベルアップのヒントとなる。コメントの最後は、良い発表であったことを再度述べ、ねぎらいの言葉で締める。

講師・コーディネーターの方へ

（1）グループ討議の目的

　討議方式でのグループ演習（以下、グループ討議）の目的設定とは、討議を通じて達成したい状態あるいは目指す姿を表現することであり、通常「○○するため」という表現になるが「ため」という言葉は省略しても差し支えない。

　グループ討議の目的を設定する際に留意すべき点は、討議をすること自体が目的ではなく、なぜこの討議をする必要があるのか、討議を通じて何を達成したいのかを明確にすることである。

（2）グループ討議の成果物

　グループ討議の成果物とは、討議の成果として何を期待するかを具体的に表現することである。

　グループ討議における成果物の設定で留意すべき点は、討議メンバーの経験や能力を考慮した成果物の期待レベルと討議時間の設定である。

　すなわち、期待する成果物の状態を「現状認識レベル」、「原因特定レベル」、「対策立案レベル」などと具体的に表現することにより、討議の着地点が明確になるため、適正な討議時間が設定でき、効果的な討議が期待できる。

　職長能力向上教育のグループ討議の成果物は、概ね次の4点に整理できる。

　①　講義内容の高い理解度

② 講義内容の理解度の平準化

③ 納得度の高い意見集約で現場での実効性の高い対策設定

④ 自己啓発と相互啓発

（3）グループ討議の進め方

　討議の進め方とは、成果物を実現するための道筋のことであり、この討議をどのような方法で進めるかを具体的に表現する。

　グループ討議では、指導講師が以下の事項をあらかじめ準備して、討議メンバーに提示する。

① 実施日時、会場、指導講師名

② 討議テーマと討議のための具体的条件（課題内容、討議時間、討議レベル等）

③ 討議結果を整理し報告するためのフォーマット（手書きまたはパソコン入力等）

④ 討議メンバー表

⑤ 討議の役割分担表（リーダー（司会）、書記、発表、レポート（記録）係、コメント係等）

⑥ 討議の基本ルールを討議前に全員で確認し順守する

　・テーマから外れない（意外に多いのでリーダーは早めに軌道修正する）

　・話題は完結して次の話題に進む

　・発言は自由に、全員が簡潔に発言する

　・外乱を入れない（携帯電話、携帯メールは切っておく）

　・互いの意見を尊重する

　・人の意見を批判せず、最後まで聞く（途中で発言を遮らない）

　・自分の意見に固執しない

　・リーダー（司会）は討議進行をコントロールし、メンバーはそれに従う　　等

（4）ポイントと留意事項

① 各章で示している進め方や時間配分、使用する討議用紙、事例、実技用のシナリオ等は、すべて一例である。計画した時間内でできるように組み替えたり、メンバーに合わせて簡略化した様式や、親会社のやり方に合わせた様式を用いたり、事例などを変更して実施してもよい。

② 特に社内研修で、作業現場の写真や事例を用いたグループ演習、実技を実施する場合、なるべく自職場（あるいは同業他社等）の実際の事例を教材として用いることが望ましい。

③ グループ演習や実技ごとに適切なグループ人数がある。この人数より少なすぎると活発さや多様性が失われ、多すぎると参加に消極的な人が出てくる、といったことが起きる。グループ人数は目安を守って設定する。

④ 討議方式のグループ演習では、全グループが発表する予定としておくことで、緊張感ある活発な討議となる。一方、討議は時間がかかる。余裕時間を含めて設定しておいても、いざ討議をしてみると、例えばどうしてもあと10分足りないといったことになりがちである。そうした場合は、全グループ発表を半分のグループだけの発表（発表直前にくじ引き等で決定）にしたり、1発表あたりのコメントを全グループから1グループに減らすことで、時間を確保することができる。そうして、なるべく時間切れで終わらないようにさせたほうが討議の効果は高まる（なお、時間の都合で発表を省略すると、討議の緊張感がなくなってしまうので、1グループだけでも、必ず発表は行わせるようにする）。

（3）自己紹介メモ

氏名	内容
本人	
1	
2	
3	
4	
5	
6	

以下は、演習によって使用することがある

（　　　　　）

第I章　職長等の職務を行うに当たっての課題

※事前作業あり。各受講者は、「職長の職務上の課題メモ」を作成してくること。

1　目的・成果物・進め方

ア　目的

　今回の教育で学んだことを踏まえ、職長として職務を行うに当たっての課題を解決するための自らの目標設定を行う。

イ　成果物

　職長自らが今後取り組む課題の明確化と自身の能力向上への目標設定（原因特定レベル）

ウ　進め方

【概要】講義の受講後、改めて自らの課題を振り返るとともに、メンバー同士での課題や事例の情報共有、共感、アドバイスなどを通じ、職長としての課題についての認識を深め、今回の教育内容と結び付け、「今後のレベルアップ宣言」を作成する。

【時間の目安】以下をすべて実施する場合、90分程度

【グループ人数の目安】5〜7人程度

個人	グループ	全体	時間目安（分）	内容
		○	10	・進め方の説明
○			5	・「自己紹介メモ」作成 　一人1分程度で自己紹介する内容を考え、「自己紹介メモ」に記入する。
	○		10	・自己紹介 ・メンバーは、「自己紹介メモ」に気づいた点を記入 ・役割分担を決める 　①リーダー：司会進行、時間管理 ※書記、発表者はなし
○			10	事前に作成してきた自分の「職長の職務上の課題メモ」について、今回の教育を受講した内容をもとに振り返りを行い、メモ内容の修正、項目の追加を行う。
	○		35	・「職長の職務上の課題メモ」にもとづき、順番に、各自の課題を発表・説明する（一人2分程度）。 ・メンバーは、自分の記入用紙のメモ欄に気づいた点を記入 ・質疑応答、アドバイス、解決策を出し合う 　まずAさんの課題について、次に、Bさんの課題について、…のように、順番に行う（目安は各2〜3分程度で）。 ・1巡後に時間があれば、自由に討議を行う。
○			10	・今後のレベルアップ宣言の記入 　研修で学んだ内容や職長の標準モデル、受け取ったアドバイスや他の職長の発言内容などから、今後の自分自身の行動目標を設定し、記入する。名詞止めではなく、「私は、〜〜する。」「私は、〜〜を行います。」など、文章で表現する。
	○		10	・レベルアップ宣言の発表 　グループ内で順番に発表・コメント。①ひとりが発表（1分程度）、②左隣の人がコメント（アドバイスや激励。30秒程度）、③次の発表、コメント…の順に行う。

163

2 職長の職務上の課題メモ

グループ	リーダー	その他のメンバー

	自分が職長としての職務を行う上での課題（問題点や悩み、心につかえていることなど。3〜4項目）【研修前に記入】	メンバーから受けたアドバイス、解決のアイデアを記入
1		
2		
3		
4		

メモ欄（他のメンバーの課題などで気づいた点などを記入）

今回の教育で学んだ内容で、課題解決のためにやってみよう、取り組んでみようと思うことを記入	

自分自身の「今後のレベルアップ宣言」

危険予知訓練

※「事業場における安全衛生活動」関係

1 目的・成果物・進め方

ア 目的

危険予知訓練（KYT）の進め方とポイントを学び、職場における危険予知活動（KY活動）の推進者としての力量を向上する。

イ 成果物

KYTによる各メンバーおよびチームの危険感受性と実践意欲の向上および合意形成による行動目標の確実な実施（対策立案レベル）

ウ 進め方

【概要】 KYシートを用いた危険予知訓練（KYT）を基礎4ラウンド法で実施する。

KYTでは、対象とする作業にどのような危険があるかを、できるだけ多く見つけることがまず重要である。そのことで危険感受性を高める効果も期待される。その際、災害に結びつく危険として、危険要因と現象という形でできるだけ多くの例を挙げ、危険を見つける訓練を行う。

【時間の目安】 以下をすべて実施する場合、120分程度

【グループ人数の目安】 5〜7人程度

個人	グループ	全体	時間目安（分）	内容
		○	10	・唱和「KYT基礎4ラウンド法 開始 ヨシ！」 ・進め方の説明（導入〜2Rまで）　　　　　　　　　　　R：ラウンド
	○		15	・自己紹介 ・リーダー、書記、レポート係、発表者、コメント係決定 ・チーム名（ニックネーム）決定
	○		25	・シート1使用 導入〜2R（1R7項目以上） （参考：168ページ「第1ラウンドの危険の具体化のヒント」のア）
		○	5	・コーディネーター（講師）コメント
		○	5	・進め方の説明（3R〜確認）
	○		20	・シート2使用 導入〜2R（1R7項目以上） （参考：169ページ「第1ラウンドの危険の具体化のヒント」のイ）
	○		20	・シート2使用 3R〜確認
		○	20	・シート2について発表（内容の発表→指差し唱和）・コメント ・コーディネーター（講師）コメント

2 各ラウンドのポイント

1R	・危険要因と現象は、アリアリと目に浮かぶように表現する。 ・危険要因を掘り下げる。 ・否定的な表現（例：○○していないので…）ではなく、具体的・肯定的に（例：○○なので○○して…）表現する。
2R	・危険のポイントは、話し合いで全員が納得する適切なものを選ぶ。本当によいか、大事なポイントを見落としていないかにも注意する。
3R	・3Rの対策は具体的で実行可能な対策（他人任せの対策ではなく、自分でできる、すぐできる対策）とする。
4R	・4Rのチーム行動目標は、否定的、禁止的な表現ではなく「○○を○○するときは○○を○○して○○しよう」というように、アリアリと目に浮かぶ具体的・肯定的な表現とする。
確認	・指差し呼称項目は、実際に現場でこの作業をする場合、呼称確認できるような内容とする。

3 コメント係のコメント要領

ポイント	発表の終了後、まず「良かったところ」を見つけて褒めたあと、次のポイントを中心にコメントする。
KYの内容	・「2　各ラウンドのポイント」（上記）が正しくできていたか。
発表者の態度	・立つ位置はよいか。態度は堂々としていたか。
声の大きさ	・みんなに聞こえる程度の大きさか。
その他	・自分の意見や解説等を加えていなかったか。 ・指差し唱和のリードはよいか。声が出ていたか。 ・全員の声が揃っていたか。

4 KYシートの例

【シート1】 どんな危険がひそんでいるか

【状況】
あなたは、アルミ板（縦600mm 横450mm 厚み15mm 重量11.8kg）10枚を台車から降ろし、置き場に積んでいる。

【シート2】 どんな危険がひそんでいるか

【状況】
あなたは、台車に製品の入った18L缶8缶を積んで運搬している。

─── **第1ラウンドの危険の具体化のヒント** ───

「どんな危険がひそんでいるか」では、できるだけ多くの事例を出すことが求められる。その際には、次の「事故の型」を参考に危険を考えると、さまざまな危険を考えることができる。

なお、事故の型と起因物の例を巻末に参考として掲載した。

【事故の型】[※1]

①	はさまれ・巻き込まれ	⑪	有害物等との接触
②	転倒	⑫	交通事故（道路）
③	腰痛[※2]	⑬	爆発
④	墜落・転落	⑭	踏み抜き
⑤	切れ・こすれ	⑮	感電
⑥	飛来・落下	⑯	火災
⑦	激突	⑰	破裂
⑧	激突され	⑱	交通事故（その他）
⑨	高温・低温物との接触	⑲	おぼれ
⑩	崩壊・倒壊	⑳	その他

[※1] 番号は、令和5年の製造業の死傷災害の発生数の多い順を示している。
[※2] 事故の型「動作の反動・無理な動作」は、上記の例では「腰痛」として表記している。

ア シート1の「1R：どんな危険がひそんでいるか」のヒント

「事故の型」を参考に、危険要因と現象をできるだけ多く考える。

【例】 ①はさまれ・巻き込まれ：動き出した台車を止めようとして足をはさまれる（腰を痛める場合も）。

②転倒：アルミ板を持って移動する際に転倒する。積んであるアルミ版につまずいて転倒する。台車につまずいて転倒する。

③腰痛：重量物（アルミ板、2枚で約24kg）を前かがみで持ち上げて腰を痛める。

④墜落・転落：該当なし。

⑤切れ・こすれ：アルミ板の縁で手を切る。

⑥飛来・落下：持っているアルミ板が足の上に落ちる。

⑦激突：台車にアルミ板を積み移動時、障害物にぶつかり、急停止した台車の取っ手に激突する。

⑧激突され：置いてある台車が動き出して激突される。

⑨高温・低温物との接触：該当なし。

⑩崩壊・倒壊：地面の凹凸で台車が傾き、積んでいるアルミ板が崩壊する。

【1Rの具体化の例】

③から、

アルミ板を2枚重ねて前かがみで持ち上げたので （不安全な行動）

重心位置が腰より前にきて （不安全な状態）

腰を痛める （現象）

⑥から、

アルミ板を<u>2枚重ねて下から支えながら運んだ</u>ので （不安全な行動）

<u>上の板がずれて</u> （不安全な状態）

<u>足に落ちる</u> （現象）

→<u>以上をヒントに、KYT の 1R ～ 2R を実施しよう。</u>

イ　シート2の「1R：どんな危険がひそんでいるか」

アと同様に、事故の型から考えてみよう。

①はさまれ・巻き込まれ：

②転倒：

③腰痛：

④墜落・転落：

⑤切れ・こすれ：

⑥飛来・落下：

⑦激突：

⑧激突され：

⑨高温・低温物との接触：

⑩崩壊・倒壊：

→<u>以上をヒントに、KYT の 1R ～確認を実施しよう。</u>

5 危険予知訓練レポート

シート No.	チーム名	リーダー	書記	レポート係	発表者	コメント係	その他のメンバー

第1ラウンド《どんな危険がひそんでいるか？》 潜在危険を発見・予知し、危険要因とその要因によって引き起こされる現象を想定する。
第2ラウンド《これが危険のポイントだ！》 発見した危険のうち重要危険に〇印。さらにしぼり込んで特に重要と思われる「危険のポイント」に◎印

No. 〇→◎	危険要因と現象（事故の型）を想定して【～なので～して～になる】というように書く。
1	
2	
3	
4	
5	
6	
7	
8	
9	

▶ここを中央にして 250％拡大で A3 用紙 2 枚になります◀

第3ラウンド《あなたならどうする？》 危険のポイント◎印を解決するための具体的で実行可能な対策を考える。
第4ラウンド《私たちはこうする！》重点実施項目をしぼり込み、※印。さらにそれを実行するためのチーム行動目標を設定する。

◎印 のNo.	※印	No.	具体策	◎印 のNo.	※印	No.	具体策

チーム行動目標 [～するときは～ を～して～しよう]		チーム行動目標 [～するときは～を ～して～しよう]	
[確認] 指差し呼称項目		[確認] 指差し呼称項目	

上司（コーディネーター）コメント

危険性又は有害性等の調査
及びその結果に基づき講ずる措置

1 目的・成果物・進め方

ア 目的

　リスクアセスメントの手法を、演習を通じて改めて確認するとともに、職長の職務として重要となる、暫定的なリスク低減措置に関する理解を深め、生産現場において実践できるようになる。

イ 成果物

　暫定的なリスク低減措置による対応を含めた、リスクアセスメントにおける職長の職務についての理解と実践能力（対策立案レベル）

ウ 進め方

【概要】「リスクアセスメント検討用シート」等の演習用紙を使い、①ハザードの特定、②リスクの見積り、③リスク低減のための優先度の設定、④リスク低減措置の検討・実施の流れに沿ってグループで話し合い、内容を決定する。検討結果に基づき、「リスク低減計画」および「「暫定的なリスク低減措置」の定期確認の計画」を作成する。

【時間の目安】以下をすべて実施する場合、120分程度

【グループ人数の目安】5〜7人程度

個人	グループ	全体	時間目安（分）	内容
		○	10	・進め方の説明
○			5	・「自己紹介メモ」作成 　一人1分程度で自己紹介する内容を考え、「自己紹介メモ」に記入する。
	○		5	・自己紹介 ・メンバーは、「自己紹介メモ」に気づいた点を記入 ・役割分担を決める 　①リーダー：司会進行、時間管理 　②書記：グループに配布された「リスクアセスメント検討用シート」等に記入 　③発表者：討議終了後、全体に対して発表する ※コメント係を決めてもよい
	○		10	・手順1ハザードの特定 　①ハザードを洗い出し、「検討用シート」の【ハザード】の欄を縦方向に埋めていく。なお、本来実施されるべき作業とのズレに注目するほか、大きなケガや健康障害を引き起こすおそれのある重大なリスクを見逃さないようにする。第1編第4章で例示した各種のリストを用いるとよい。

	○		10	②洗い出したハザードごとに災害に至るプロセスを検討し、「検討用シート」の「手順1」の欄を横方向に埋めていく。【災害】（どうなる）では、重大性を判断するため、例えば、骨折する、切創する、擦過傷等の考えられる傷病名まで記載する。（討議の際、負傷・疾病の程度について意見が分かれた場合は、より障害の程度が大きいものを採用する。）
	○		10	・手順2　リスクの見積り ・手順3　リスク低減のための優先度の設定 　①ハザードごとに、「検討用シート」の左下の「評価基準」の表を用いて、「頻度」、「可能性」、「重大性」をそれぞれ見積もる。 　②ハザードごとに、「頻度」、「可能性」、「重大性」の評価点を合計してリスクポイントを算出し、リスクレベルを決定する。
	○		15	・手順4　リスク低減措置の検討・実施 　①優先度の高い（リスクレベル、リスクポイントが高い）ハザードから順番にリスク低減措置を検討する。 　②リスク低減措置の検討は、ハザードごとに、「種類」欄の①〜④の順番（本質的対策⇒工学的対策⇒管理的対策⇒個人用保護具の使用）で行う。 　③措置が難しいと思われるものを除き、「恒久的なリスク低減措置」を1つ決定し、措置実施後の残留リスクを見積もる。残留リスクレベルがⅡ以上の場合、残留リスクに対する「暫定的なリスク低減措置」を1つ決定し、作業時の暫定的なリスクを見積もる。
	○		10	④「年度リスク低減計画」の用紙に沿ってリスク低減計画を作成する。それぞれの対策の順番や整合性に注意する。なお、本演習では、手順1で洗い出したハザードのうち、2つを選び、作成する。また、教育を実施する月より前の各月については、次年度と考える。 ※予定時間を超過した場合は途中で切り上げ、⑤に進む。
	○		15	⑤「「暫定的なリスク低減措置」の定期確認の計画表」の用紙に沿って定期確認計画を作成する。「暫定的なリスク低減措置」の内容の関係者への周知や、理解度の確認のための方法と頻度について検討する。なお、本演習では、手順1で洗い出したハザードのうち、2つを選び、作成する。
		○	30	・グループ別発表、講師コメント

2　演習用の事例

【作業番号（リスクアセスメント管理番号）　□□班 0001】

　作業手順書：あり（□□班　台車運搬作業）

状況

1．台車に缶8個（一缶 18kg）を載せ、一人の作業者が人力で押して運んでいる。
2．缶は固定していない。
3．運搬通路の状況
　①　スロープの角度は、15 度　スロープの幅は、100cm
　②　スロープには手すりなどは設置されていない。
　③　スロープは可動式になっており、路面には滑り止め処置がされている。
　④　スロープの下端および上端には段差はない。
　⑤　ドア前の通路幅は、150cm、下の床面からの高さは、40cm
　⑥　床は、滑らかなコンクリート床
　⑦　扉は、外開き式で反対側は見えない。
4．台車の仕様
　①　最大積載重量：300kg
　②　荷台寸法：90cm × 60cm、荷台高さ：床より 20cm、取手の高さ：床より 90cm
　③　取手は、台車に対して垂直で曲がりがない。
　④　台車の自重：20kg
　⑤　台車の車輪：4輪（取手側2輪：固定輪、前2輪：自在輪）、車輪の直径：12.5cm
　車輪仕様：ベアリング入りソリッドゴムタイヤ

（※　スロープの角度15度で荷と台車の合計重量が100kgの場合、押し上げるためには、260N（約26kg重）の力が必要とする。
　本事例では、平均的な成人男性が無理をせずに台車を押すことができる力は、200 ～ 300N（約20 ～ 30kg重）程度とする。）

3 リスクアセスメント検討用シート

リスクアセスメント 検討用シート

リスク番号	手順 1							手順 2			手順 3	
	危険源により災害に至るプロセス							リスクの見積り			優先度の設定	
	【ハザード】		【危険状態】		【危険事象】	【災害】		頻度	可能性	重大性	リスクポイント	リスクレベル
	何(人に危害を及ぼす根源)	誰が	何を(に)~している時		~が起きたので	どうなる(事故形態・負傷部位・ひどさ)						

リスク見積り・評価基準

「危険状態が生じる頻度」の基準

頻度	評価点	内 容
頻繁	4	1日に1回程度
時々	2	週に1回程度
滅多にない	1	半年に1回程度

「危険状態が生じた時に災害に至る可能性」の基準

可能性	評価点	内 容
確実である	6	安全対策がなされていない。表示・標識があっても不備が多い状態。
可能性が高い	4	防護柵や防護カバー、その他安全装置がない。たとえあったとしても相当不備がある。非常停止装置や表示・標識類は一通り設置されている。
可能性がある	2	防護柵・防護カバーあるいは安全装置等は設置されているが、柵が低い又は間隙が大きい等の不備がある。危険領域への侵入やハザードとの接触が否定できない。
ほとんどない	1	防護柵・防護カバー等で囲われ、かつ安全装置が設置され、危険領域への立ち入りが困難な状態。

「災害の重大性」の基準

重大性	評価点	内 容	事 例
致命傷	10	死亡や永久的労働不能につながる負傷等、障害が残る負傷等	致死外傷、腕・足の切断、失明等 著しい難聴、視力低下
重傷	6	休業災害(完治可能な負傷等)	骨折、筋断裂等
軽傷	3	不休災害	ねんざ、裂傷等
微傷	1	手当後直ちに元の作業に戻れる微小な負傷等	打撲、表面的な障害、ダストの目への混入等

「リスクレベルに応じたリスク低減措置の進め方例」の基準

リスクレベル	リスクポイント	リスクの内容	リスク低減措置の進め方
IV	13~20	安全衛生上重大な問題がある	リスク低減措置を直ちに行う措置を行うまで作業を停止する
III	9~12	安全衛生上問題がある	リスク低減措置を速やかに行う
II	6~8	安全衛生上多少の問題がある	リスク低減措置を計画的に行う
I	3~5	安全衛生上の問題はほとんどない	必要に応じてリスク低減措置を行う

グループ名 _____

手順 4											
リスク低減措置				措置実施後のリスクの見積り						作業終了後の残留リスク		「暫定的なリスク低減措置」の作業者への周知とその順守状況の定期確認
分類	該当に○	種類	具体的内容	リスク低減の効果	頻度	可能性	重大性	リスクポイント	リスクレベル	リスクポイント	リスクレベル	
恒久的なリスク低減措置		①本質的対策		恒久的								
		②工学的対策										
暫定的なリスク低減措置		③管理的対策		暫定的（ルール順守時のみ有効）								
		④個人用保護具の使用										
恒久的なリスク低減措置		①本質的対策		恒久的								
		②工学的対策										
暫定的なリスク低減措置		③管理的対策		暫定的（ルール順守時のみ有効）								
		④個人用保護具の使用										
恒久的なリスク低減措置		①本質的対策		恒久的								
		②工学的対策										
暫定的なリスク低減措置		③管理的対策		暫定的（ルール順守時のみ有効）								
		④個人用保護具の使用										
恒久的なリスク低減措置		①本質的対策		恒久的								
		②工学的対策										
暫定的なリスク低減措置		③管理的対策		暫定的（ルール順守時のみ有効）								
		④個人用保護具の使用										
恒久的なリスク低減措置		①本質的対策		恒久的								
		②工学的対策										
暫定的なリスク低減措置		③管理的対策		暫定的（ルール順守時のみ有効）								
		④個人用保護具の使用										

「恒久的なリスク低減措置」、「暫定的なリスク低減措置」およびそのリスク低減効果の考え方をよく理解した上で、「リスク低減措置の種類」を選択する。	「リスク低減措置」の種類に対応する具体的な措置内容を記入する。	上段は、リスク低減措置等の実施後のリスクの見積りを記入する。 なお、「恒久的なリスク低減措置」として、①本質的対策、②工学的対策を行った後に残るリスクを「残留リスク」という。 下段には、「暫定的なリスク低減措置」として、③管理的対策としての作業手順書等の順守、④個人用保護具の使用が作業中に実施することを条件として、暫定的なリスク低減効果を見積もる。			「作業終了後の残留リスク」は、リスクアセスメントの対象となる作業を行った場合に、当該作業の終了後に残留するリスクを記入する。 「暫定的なリスク低減措置」実施後のリスクの見積りは、「作業終了後の残留リスク」としては使用できない。	「暫定的なリスク低減暫定措置」は、作業者に対して周知徹底するとともに、その順守状況を定期点検する。 また、上記の定期確認を確実に実施するために、「暫定的なリスク低減措置の定期確認の計画表」を作成して、確認結果を記入する。

○「リスク低減措置」の考え方

1「恒久的なリスク低減措置」
リスクアセスメントの結果に基づくリスク低減措置の中で、恒久的なリスク低減効果があるのは、①本質的対策、②工学的対策の2つの措置であり、この2つの措置を「恒久的なリスク低減措置」という。
また、この「恒久的なリスク低減措置」の実施後に残るリスクを「残留リスク」という。

2「暫定的なリスク低減措置」
「残留リスク」のある状態で作業を行うためには、リスクレベルⅢ以下の作業となるようにリスク低減することを条件に作業を行う必要がある。
その際、残留リスクのある作業については、リスクを暫定的に下げるために、③管理的対策、④個人用保護具の使用等の措置を行うことを条件に作業を行うことが必要であり、これを「暫定的なリスク低減措置」という。

3「暫定的なリスク低減措置」の「リスク低減の効果」
③管理的対策、④個人用保護具の使用等の対策は、作業手順書を教育し順守させることや保護帽（ヘルメット）や保護眼鏡等の個人用保護具を確の確実な実施が保障されるものではないことから、恒久的にリスクを下げるものではない。
しかしながら、「暫定的なリスク低減措置」が実施される限りにおいては、作業中のリスクを暫定的に下げる効果があるものである。

4「暫定的なリスク低減措置」に係るルール順守と職長の役割
このため、職長としては、リスクを暫定的に下げるために行う③管理的対策、④個人用保護具の使用等のルールを作業者に確実に順守させて作業を行わせることが重要な役割である。また、職長は、作業者に対して、③管理的対策、④個人用保護具の使用等の措置のルールを周知・徹底するとともに、順守しているかどうかを定期的に確認するための方法や頻度を定めて、確実に順守させることが必要である。

175

4 リスク低減計画

年度リスク低減計画　例

グループ名	リスク低減対象作業名	具体的なリスク内容	現状のリスクレベル	進捗	具体的リスク低減対策	予算 単位：千円	担当	確認者	4月	5月	6月	7月	8月	9月	10月	11月	12月	1月	2月	3月
記入例	台車での運搬 作業	①重量物を運搬するので作業者が腰痛になる ②電動アシスト台車を正しく使用しないと足を捻挫する。	Ⅲ	計画	①電動アシスト台車への切り替え	150	清瀬			手配	入荷	再評価								
				実施			田町					作成	教育							
			Ⅱ	計画	②電動アシスト台車の作業手順書を作成し教育	0														
				実施																
リスクアセスメント管理番号 ③（以下略）				計画																
□□班0001 ④				実施																
	① 作業			計画																
				実施																
	②			計画																
リスクアセスメント管理番号 ③				実施																
				計画																
				実施																
	④			計画																
				実施																
	作業			計画																
				実施																
リスクアセスメント管理番号				計画																
				実施																
	作業			計画																
				実施																
リスクアセスメント管理番号				計画																
				実施																
	作業			計画																
				実施																
リスクアセスメント管理番号				計画																
				実施																

5 「暫定的なリスク低減措置」の定期確認の計画表

「暫定的なリスク低減措置」の定期確認の計画表　例

グループ名 [　　　]　　作成日 [　　　]

管理対象の作業名	暫定措置管理番号	実施した「暫定的なリスク低減措置」の内容	残留リスクの内容	実施する「暫定的なリスク低減措置」の内容	作業に必要な資格等の名称・従事者数	手順書の名称番号	定期確認担当者	定期確認の方法・頻度	確認日・結果	確認日・結果	確認日・結果	確認日・結果
(例)台車での運搬作業	0001-1	電動アシスト台車への切り替え	腰痛(ギックリ腰)	作業手順書を用いた台車の正しい使用方法についての作業者に対する教育	左記の手順書の教育を受講した作業者 3名	□□班 台車運搬作業	職長	作業者に対して、作業手順書を使用して、実際に作業を行わせることにより、作業手順書どおりに作業を行っているかどうかを確認する。(1カ月に1回)				
(例)台車での運搬作業	0001-2	（斜線）	突然開いた扉と激突し、腕を骨折	作業手順書へ危険箇所の安全を書き込みと作業者への教育	左記の手順書の教育を受講した作業者 3名	□□班 台車運搬作業	職長	作業予定日の朝礼で運搬作業を作業者に指示する際に、扉の開閉に関する注意喚起を行う。(作業指示の都度)				

177

第 IV 章 リーダーシップ

※「部下に対する指導力の向上」関係

1 目的・成果物・進め方

ア　目的

リーダーシップの向上を図り、現場における指導力を向上する。

イ　成果物

リーダーシップの向上を図るうえでの現在の弱点の認識と改善に関する自己啓発および相互啓発（原因特定レベル）

ウ　進め方

【概要】「リーダー（職長）としての自己評価表」の20項目を評価し、グループ平均と比べることで、自分に不足している項目を知る。また、グループ全体として改善策を話し合う。

【時間の目安】　以下をすべて実施する場合、90分程度

【グループ人数の目安】　5～7人程度

個人	グループ	全体	時間目安（分）	内容
		○	5	・進め方の説明
○			5	・「自己紹介メモ」作成 　一人2分程度で自己紹介する内容を考え、「自己紹介メモ」に記入する。
	○		10	・自己紹介 　メンバーは、「自己紹介メモ」に基づき自己紹介 ・役割分担を決める。 　①リーダー：司会進行、時間管理 　②発表者：討議終了後、全体に対して発表する ※コメント係を決めてもよい
○			10	・「リーダー（職長）としての自己評価表」記入
	○		10	・「グループ平均の計算表」にメンバー全員の自己評価を記入し、合計を計算し、合計÷人数で、平均を計算する。割り切れない場合、小数点以下第2位を四捨五入する。例：1.33 → 1.3、1.66 → 1.7 ・平均をレーダーチャートの該当する箇所に記入し、各項目の平均を直線でつなぐ。 ・グループ平均が低い項目のNo.に○を付ける。

	○		5	・話し合う項目を決定する、 　No. に○を付けた項目のうち、話し合う項目 No. を 1 ～ 2 つ決め、「まとめ用紙」の No. 欄に記入する。
○			10	・改善のアイデアを考える 　各自、「まとめ用紙」に自分のアイデアを記入する。アイデアが浮かばない場合は、以下のように、「できていなかった状況」を考え、それに対する改善のアイデアを考えるとよい。 　※「できていなかった状況」とは、例えば、「部下の話を最後まで聴かず、適切な質問をしなかった」のように否定形で挙げると、対策が「部下の話を最後まで聴き、適切な質問をする」といった、文章をそのまま裏返したものになりがちで、具体的なアイデアが出にくい。一方で、「急な作業変更の対応をしているときに、新人作業者に作業の質問をされたが、話をさえぎって、習った通りにやるよう指示した」という風に「〇〇した」の形にすれば、「まず急ぎの用件かをきき、急ぎであれば話を聴いた上で、事故につながる可能性など緊急でない場合には、先輩作業者に任せる」、「普段から、自分の手が離せないときの副リーダーを決めておく」といった具体的な改善アイデアを出しやすい。
	○		20	・改善のアイデアを出し合う 　「まとめ用紙」に沿って、各項目についてグループ内でアイデアを出し合い、最も良いと思うアイデアを話し合いで決め、◎を付ける。
○			5	・「私の決意」記入 　出された改善のアイデアをもとに、各自、「私の決意」を考え、記入する。
		○	10	・出されたアイデアと発表者個人の「私の決意」について発表（＋コメント係によるコメント）、講師による講評

2　リーダー（職長）としての自己評価表

グループ		氏名	

No.	内　　容	評価
1	職場の目標は会社方針とチーム目標が整合しているか	
2	職場の目標は数値化でき、部下との間で合意できているか	
3	職場の目標は達成に向けて進捗フォローができているか	
4	部下に対し積極的かつ適切なコミュニケーションができているか	
5	日常的に部下の仕事への取組みを十分に観察しているか	
6	部下の仕事ぶりに対し「褒める」「ねぎらう」が日常的にできているか	
7	部下に対し、さらなる成長を図れるように業務割当を行っているか	
8	部下の価値観を理解し、ヤル気の出る声掛けができているか	
9	部下から出た意見には否定せず、まずは受けとめ発展させているか	
10	部下が相談しやすい時間設定など、話しやすい雰囲気づくりができているか	
11	部下と定期的に面談して意見を聞くなど、実施できているか	
12	部下のレベルに合わせた質問や、良いアイデアなどが出るよう心掛けているか	
13	仕事中でも部下や同僚からの問いかけに対し、適切な会話を心掛けているか	
14	部下の相談などに対し、心から耳を傾け相手の話を受け止めているか	
15	部下の話は意識的に最後まで聴き、適切な質問をしているか	
16	朝の挨拶などは相手の目をしっかり見て、自ら積極的に行っているか	
17	話す場合、相手のペースに合わせながら声のトーンなどを意識しているか	
18	チームに非協力的な人がいる場合、理由を積極的に聞く努力をしているか	
19	部下へ指示のみでなく、ヒントを与え考えさせ気づかせる努力をしているか	
20	部下に対し、公平でバランスの良い支援を心掛けているか	
	合　計	

評価点	1点	2点	3点	4点
	不満	やや不満	ほぼ満足	満足
（100点満点で）⇒	（0～24点）	（25～49点）	（50～74点）	（75点以上）

3 グループ平均の計算表

↓グループメンバー全員の名前を記入

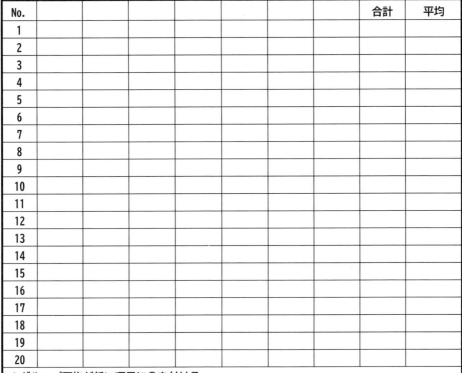

No.								合計	平均
1									
2									
3									
4									
5									
6									
7									
8									
9									
10									
11									
12									
13									
14									
15									
16									
17									
18									
19									
20									

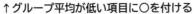

↑グループ平均が低い項目に〇を付ける

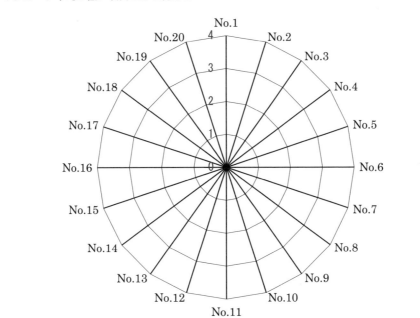

4　まとめ用紙

テーマ

No.	内容

↓

"どうしたら評価を向上できるか"

↓

各自、自分のアイデアを記入

	1.
	2.
	3.
	4.
	5.

↓

他の人の良いアイデアを記入

	1.
	2.
	3.
	4.
	5.
	6.

↑評価の良いものに◎

私の決意

※「部下に対する指導力の向上」関係

1 目的・成果物・進め方

ア 目的

指示の曖昧さに対する感受性の向上を図り、現場における指導力を向上する。

イ 成果物

指示の曖昧さに対する感受性の向上と適切な指示・復唱確認の重要性に関する自己啓発および相互啓発（問題認識レベル）

ウ 進め方

【概要】「上司」、「職長」、「部下」という役割設定のもと、確認会話（復唱確認）を実施する。与えられた場面について、曖昧さを想定し解消するための聞き方・言い方を考え、実際にやってみることで、確認会話を織り交ぜた報・連・相に慣れる。さらに、的確に相手に伝えていく際に重要だと思われる事柄をグループで話し合う。

【時間の目安】 以下をすべて実施する場合、90分程度

【グループ人数の目安】 5〜7人程度

個人	グループ	全体	時間目安（分）	内容
		○	10	・進め方の説明（「曖昧な会話の例」の説明を含む）
○			5	・「自己紹介メモ」作成 　一人2分程度で自己紹介する内容を考え、「自己紹介メモ」に記入する。
	○		15	・自己紹介 　メンバーは、「自己紹介メモ」に気づいた点を記入。 ・役割分担を決める。 　①リーダー：司会進行、時間管理 　②書記：グループに配布された「レポート用紙」に記入 　③発表者：討議終了後、全体に対して発表する ※コメント係を決めてもよい
○			10	・ワーク（シナリオ作成）
	○		20	・役割分担に基づいて確認会話のシナリオ演習を実施
	○		20	・討議 　「レポート用紙」の説明に従い、グループで話し合う。
		○	10	・発表（＋コメント係によるコメント）、講師による講評

2 シナリオ演習の役割分担表と進め方

ア 役割分担

【5人グループ】

	メンバー1	メンバー2	メンバー3	メンバー4	メンバー5
1回目	上司	職長	部下	観察	観察
2回目	観察	上司	職長	部下	観察
3回目	観察	観察	上司	職長	部下
4回目	部下	観察	観察	上司	職長
5回目	職長	部下	観察	観察	上司

【6人グループ】

	メンバー1	メンバー2	メンバー3	メンバー4	メンバー5	メンバー6
1回目	上司	職長	部下	観察	観察	観察
2回目	観察	上司	職長	部下	観察	観察
3回目	観察	観察	上司	職長	部下	観察
4回目	観察	観察	観察	上司	職長	部下
5回目	部下	観察	観察	観察	上司	職長
6回目	職長	部下	観察	観察	観察	上司

【7人グループ】

・5人グループ、6人グループの場合と同様に、上司、職長、部下および観察係4人で、役割を交替して7回実施する。

イ シナリオ演習の進め方

① 「ワーク（シナリオ作成）」で、次節3の状況1および2を読み、自分が「職長」役のときに演技する状況を選択し、第4節のシナリオ記入用紙に相手に確実に伝わると思うセリフを書き入れる。

② 上司、職長、部下の3人で、シナリオ演習を行う。

・職長は、状況1、2のいずれを使うか、伝える。

・シナリオ演習が終わったら、上司、部下は、それぞれ職長に対して、話された内容が理解できたか、声の大きさ、態度はどうだったかコメントする。

・観察係は、上司、職長、部下の会話の様子を見て、職長の伝え方を中心に、感想、アドバイスをコメントする。

・役割分担表に従い、役割を交替して、シナリオ演習を行う。

3　曖昧な会話の例

【状況 1：機械不調時の応援手配】

① 状況説明

　　機械 A の不調（安全装置の誤作動）により、生産の遅れが大きくなってきたため、職長が上司に状況を報告したところ、ベテランの B さんが応援にくる旨の電話連絡があった。

② 実際の会話

（上司と職長の会話）

上司：「B さんにすぐに向かってもらうので、不調の機械 A は B さんにみてもらってください。」

職長：「B さんが来てくれるのですね。」

上司：「そうです。B さんを送りました。」

職長：「了解しました。」

（職長と部下の会話）

職長：「B さんが来てくれるそうなので、不調の機械 A は B さんにみてもらってください。」

部下：「今日は B さんがやってくれるのですね。」

職長：「そういうことだろうな。これから会議があるので、とりあえず、B さんが来るのを待って、うまくやってくれ。」

部下：「了解しました。」

③ 結果

　　部下は B さんを作業場所で待っていたが、B さんは事務所に来て、職長を待っていたので時間の無駄が生じた。急いで応援に来たのに待たされた B さんは、上司から指示された機械 A の修理をし、さっさと自分の仕事に戻ってしまった。部下は、その間に他の作業を行っていて、B さんが帰ったことに気づかなかった。

【状況２：機械の点検（言い間違いを含む）の指示】

① 状況説明

　　Aラインのプレス機は古く、非常停止装置のボタンで埋頭型のものがあることがパトロールで見つかり、安全衛生委員会で報告された。その場で、上司はAラインのプレス機すべてを直ちに点検して対策すると説明した。会議後すぐに、上司から職長に連絡があった。職長はメンバーではないため会議には出ておらず、会議の直後なので、まだ自分のところまで議事録が回ってきていない。

② 実際の会話

（上司と職長の会話）

上司：「安全衛生委員会で言われていた安全装置、すぐに直してくれよ。念のため全部みて今日中にはメドをつけてくれ。とにかく急ぐように。」

職長：「先日のパトロールの関係ですか？（誰かが安全装置を無効にしていたので）見つけたその場で直したはずですが。」

上司：「そうだ。法令違反と言われたぞ。すぐ全部見てくれ。」

職長：「全部ですか・・・（状況がよく分からないし、本当にそこまでやる必要はあるのだろうか？）。分かりました。一応見直してみます。」

（職長と部下の会話）

職長：「今からすぐ安全装置を全部チェックすることになった。いったん作業を止めて、手分けをしてよろしく頼む。」

部下：「この前のパトロールでダメだと言われて全部直しましたし、今はちゃんとしてるはずですよ？ それに、さすがに全部は多すぎませんか。」

職長：「自分もそう思うけど、上から言われたんだ。悪いけど、とにかくやってくれ。」

部下：「了解しました。」

③ 結果

　　職長は、順番に作業を止め、部下たちと協力して全ラインの機械の安全装置を確認し終えたが、それらしい不備は見つからなかった。そこで、安全担当者に聞いたところ、議事録を見せられ、Aラインのプレス機の非常停止装置のボタンを点検しなおし、突頭型（キノコ型）に交換することになったと説明された。

4　確認会話のワーク用シナリオ記入用紙

　状況１または状況２のいずれかを選び、下線部を作成する。自分が作成したセリフは、演習の際、役割分担表で「職長」のときに使用する。

状況１　機械不調時の応援手配

（上司と職長の会話）

　　上司：「Ｂさんにすぐに向かってもらうので、不調の機械ＡはＢさんにみてもらってください。」※曖昧表現

　　職長：「_____

　　　　　　　　　　　　　　　　　　ですね？」※Ｂさんの担当を確認

　　上司：「そうです。Ｂさんを送りました。」※曖昧表現

　　職長：「_____

　　　　　　　　　　　　　　ですか？」※聞き方を変えた質問や、他の不明点の確認

　　上司：「○○○○○○○○○○○○○○○○○○」※質問に応じた答えと指示

　　職長：「分かりました。　　　　　（アドリブで復唱する）　　　　　」※復唱

　　上司：（内容が正しいことを確認し、）「その通りです。よろしく頼みます。」

　　職長：「了解しました。ありがとうございます。」

（職長と部下の会話）

　　職長：「_____

　　　　　　　　　　　　　　　　　」※Ｂさんに何をしてもらうか等を明確に

　　部下：「○○○○○○○○○○○○○○○○○○」※復唱

　　職長：「そうです。_____

　　　　　　　　　　　　　　　　　　　　　」※到着場所等を含め明確に

　　部下：「○○○○○○○○○○○○○○○○○○」※指示全体を復唱

　　職長：（内容が正しいことを確認し、）「その通りです。よろしく頼みます。」

　　部下：「了解しました。」

（注）このシナリオにこだわらず、部下役は、職長役の指示で曖昧な部分や気になる部分があれば質問してよい。職長役は、部下からの質問を曖昧にせず、はっきり答える（作業関係の不明点はアドリブで答え、Ｂさんの関係の不明点（到着時間など）は、上司役に確認し、再度部下に指示する）。

状況2 機械の点検（言い間違いを含む）の指示

（上司と職長の会話）

上司：「安全衛生委員会で言われていた安全装置、すぐに直してくれよ。念のため
全部見て今日中にはメドをつけてくれ。とにかく急ぐように。」 ※曖昧表現

職長：「〰〰〰〰〰〰〰〰〰〰〰〰〰〰〰〰〰〰〰〰〰〰〰〰〰
〰〰〰〰〰〰〰〰〰〰〰」※急いでほしい気持ちに答えつつ、安全衛生
委員会での話の内容を確認して進める等、上司の指示に少し勘違いの可能性
があることも、関係を悪くしない表現で伝え、信頼を得る

上司：「そうか。それじゃあ、詳しいことはよく確認して進めてくれ。」

職長：「分かりました。〰〰〰〰〰〰〰〰〰〰〰〰〰〰〰〰〰〰〰〰
〰〰〰〰〰」※点検内容（例えば「メド」の中身など）について確認

上司：「○○○○○○○○○○○○○○○○○○」※質問に応じた答えと指示

職長：「了解しました。〰〰〰〰〰〰〰〰〰〰〰〰〰〰〰〰〰〰〰
〰〰〰〰〰」※指示の趣旨を理解した、結果を報告する、といった内容で

上司：「悪いな。よろしく頼む。」

（このあと、職長は、安全衛生委員会の話の内容を確認し、理解した。）

（職長と部下の会話）

職長：「〰〰〰〰〰〰〰〰〰〰〰〰〰〰〰〰〰〰〰〰〰〰〰〰〰〰〰〰
〰〰〰〰〰〰〰〰〰〰〰〰〰」※点検内容を正しく、分かりやすく

部下：「○○○○○○○○○○○○○○○○○○」※復唱

職長：「そうです。〰〰〰〰〰〰〰〰〰〰〰〰〰〰〰〰〰〰〰〰〰〰
〰〰〰〰〰〰〰〰〰〰〰〰」※いつまでに、報連相は、等

部下：「○○○○○○○○○○○○○○○○○○」※指示全体を復唱

職長：（内容が正しいことを確認し、）「その通りです。よろしく頼みます。」

部下：「了解しました。」

（注）このシナリオにこだわらず、部下役は、職長役の指示で曖昧な部分や気になる部分があれば質問
してよい。職長役は、部下からの質問を曖昧にせず、はっきり答える。

5 レポート用紙

グループ	リーダー	書記	レポート係	発表者	コメント係	その他のメンバー

職長役のときに、上司、部下、観察係から受けたアドバイス、感想などのうち、「なるほど」と思ったものを全員出していく。それらのうちから、的確に相手に伝えていく際に重要だと思われるものを話し合いで３つ選び、No. に○をつける

1	
2	
3	
4	
5	
6	
7	
8	
9	
10	

第Ⅵ章 部下のストレスサイン が見られた場合の対応

※「部下に対する指導力の向上」関係

1 目的・成果物・進め方

ア 目的

　4つのケアのラインによるケアとして、職長レベルの適切な対応を実施できるようになる。

イ 成果物

　部下のストレスサインが見られた場合の対応のポイントについての理解度の平準化（現状認識レベル）

ウ 進め方

【概要】　部下の態度や行動、表情などの変化（ストレスサイン）が見られた場合、その部下に対してどのように対応するか（声のかけ方、上司（管理職）等への取次ぎ方）についての討議を行う。

【グループ人数の目安】　5～7人程度

【準備するもの】ホワイトボード（講師が各グループの発表内容の要点を整理する）

【時間の目安】以下をすべて実施する場合、90分程度

個人	グループ	全体	時間目安（分）	内容
		○	5	・進め方の説明 ・講師より事例の読み上げ
○			5	・「自己紹介メモ」作成 　一人2分程度で自己紹介する内容を考え、「自己紹介メモ」に記入する。
	○		10	・自己紹介 　メンバーは、「自己紹介メモ」に気づいた点を記入。 ・役割分担を決める 　①リーダー：司会進行、時間管理 　②書記：グループに配布された「レポート用紙」に記入 　③発表者：討議終了後、全体に対して発表する ※コメント係を決めてもよい
○			15	・各自でそれぞれの対応の適否を検討する
	○		25	・検討内容を各自発表（1人3分） ・各自の発表から全員で協議し、グループとしてまとめる
		○	20	・発表（＋コメント係によるコメント）、講師による講評
		○	10	・講師よりまとめ

2 シミュレーション

【課題】

　以下の事例における職長の対応について、（1）～（5）の各対応の場合では、どの箇所が適切でどの箇所が不適切かを検討し、その理由や対応のポイントを含めて話し合いましょう。

【事例】

　あなたの部下であるAさんは、最近、元気がないように見受けられます。ぼんやりしている時間も増えているようで、気がかりです。さて、あなたはどのように対応したらいいでしょうか？

【職長の対応】

（1）Aさんのことは気にはなったが、しばらく様子を見ることにした。

対応の適否とその理由

（2）職長は、Aさんの元気がない状態が続いているので「元気がないけど、どうしたの？」と声をかけた。しかし、Aさんは「大丈夫です」などとしか言わず話をしてくれないので、そのままそっとしておくことにした。

対応の適否とその理由

（3）Aさんは仕事への不満や人間関係について話をし始めます。そこで、Aさんのために役立ててもらえるようなアドバイスをした。

対応の適否とその理由

（4）Aさんの話しを聞くとその内容はAさん自身のやる気の問題であり、自分には関係のないことであったため、聞くだけにとどめた。

対応の適否とその理由

（5）元気のない原因は、仕事の負担や職場の人間関係など職場と関係していることも考えられることから、このまま放置しておくことは適切ではないと思い、上司に連絡すると伝えた。ところが「誰にも言わないで」と頼まれた。しかし、そのままにしておくこともできないと思い、上司に連絡した。

対応の適否とその理由

3 対応のヒント

　第6章第2節の「（2）いつもと違う部下への気づきと上司（管理職）等への取次ぎ」（90ページ）を参照。

4 レポート用紙

	対応の適否とその理由
(1)	
(2)	
(3)	
(4)	
(5)	

第Ⅶ章　その他のグループ演習

　第Ⅰ章～第Ⅵ章の各項目のほか、第1編の「職長等として行うべき労働災害防止及び労働者に対する指導又は監督の方法に関すること」として教育を行った事項に関し、事業場が必要と判断し、かつ職長の能力向上のためのグループ演習として適切な項目については、内容・構成・実施方法等の検討・決定、教材の準備のうえ実施する（なお、実施した内容も含め、その結果を事業場において記録として残すこと）。

　参考としては、次のようなテーマも考えられる。

【事業場における安全衛生活動　例示】

○　安全衛生実行計画の作成・実施

○　職場巡視

○　ヒヤリ・ハット活動

○　4S（5S）活動

○　化学物質の管理とリスクアセスメント

○　災害事例の検討

○　異常時における通報連絡の訓練

○　職場におけるパワーハラスメント防止対策

【部下に対する指導力の向上　例示】

○　コーチング

○　部下の改善力の向上

巻末資料

● 付録（安全衛生責任者の役割と職務）
● 参考別表
● 製造業における職長等に対する能力向上教育に準じた教育について（令和2年3月31日付け基発0331第7号）
● 製造業における職長等に対する能力向上教育に準じた教育の周知等について（令和2年3月31日付け基安安発0331第1号）
● 職長の能力向上教育の「実行カリキュラム」の具体例

付 録 　安全衛生責任者の役割と職務

※「職長及び安全衛生責任者の能力向上教育」として実施する場合に限る。

───────────────────────────────

●この章のポイント●

　一定規模の建設工事現場および造船業の工場では、同一の場所で複数の事業者が混在して作業が行われることが多い。こういった「混在作業」での労働災害防止のために、統括安全衛生管理が行われる。そこで、統括安全衛生管理体制における安全衛生責任者の役割と職務を学ぶとともに、安全衛生責任者と職長の違いを確認する。

───────────────────────────────

1 　統括安全衛生管理とは

　一般に特定元方事業者と称される建設業、造船業の現場では、請負契約関係により、元方事業者、および関係請負人としての一次請負事業者、二次請負事業者といった複数の事業者で構成されることが多い。こういった重層請負関係にある各社が同一の場所で混在で作業を行うこととなる。こういった「混在作業」における安全衛生管理上の大きな問題点として、次のことが挙げられる。

　①　指揮命令系統の異なる作業者が混在することにより安全確保に必要な縦横の連絡調整に不備が生じる。

　②　重層請負関係となるため、管理が十分行き届かないところで作業が行われる。

　③　安全の基本ルールおよび合図の方法等の統一がとれない。

　④　工程の変更、作業内容の変更が生じた場合、対応策が円滑に行われず徹底しない。

　⑤　職種間、事業者間にまたがって使用される設備、機械等の維持管理が徹底しない。

　⑥　自社の作業効率を優先し、他社への配慮が不足する。

　したがって、建設工事現場や造船工場においては、それぞれの事業者が行う安全衛生管理とともに、その現場全体で統括的な安全衛生管理を行うことが必要である。

　このように作業が同一の場所で混在して行われることによる労働災害を防止するために実施される一連の合理的、組織的な管理が統括安全衛生管理（以下「統括管理」という。）であり、安衛法では、事業者が雇用している作業者に対して果たすべき責務（事

業者責任）と、元方事業者が協力業者（関係請負人）に対して果たすべき統括管理の責務（特定元方事業者責任）の双方が、適切に遂行されることにより現場の安全衛生を確保するように規定している。建設工事現場や造船工場では下記のとおり2種類の安全衛生管理が並行して行われている。

① 元方事業者・関係請負人のそれぞれの事業者ごとに行う安全衛生管理

② 元請事業者が主体となって、その現場で作業を行う事業者全体に対し統括的に行う安全衛生管理（統括安全衛生管理）

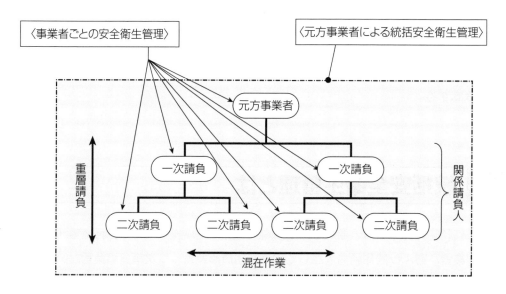

2 安全衛生責任者の選任

安全衛生責任者の選任は下記のように法令に定められている。

① 統括安全衛生責任者を選任すべき事業者以外の請負人で、当該仕事を自ら行うものは、安全衛生責任者を選任し、その者に統括安全衛生責任者との連絡その他の厚生労働省令で定める事項を行わせなければならない。（安衛法第16条第1項）

② 安全衛生責任者を選任した請負人は、統括安全衛生責任者を選任すべき事業者に対し、遅滞なく、その旨を通報しなければならない。（安衛法第16条第2項）

なお、「元方事業者による建設現場安全管理指針」では、安全衛生責任者を選任する場合には、その職務を十分に行うことができるよう、一定の教育を実施し、当該教育を受けた者のうちから選任するとともに、当該者を建設現場に常駐させることとされている。造船業においても同様である。また、安全衛生責任者は、重層請負を構成するすべての請負事業者から選任しなければならない。

3 安全衛生責任者の職務

（1）安衛則で定める職務

安全衛生責任者の職務は安衛則第 19 条で下記のように定められている。

① 統括安全衛生責任者との連絡
② 統括安全衛生責任者から連絡を受けた事項の関係者への連絡
③ 統括安全衛生責任者から連絡を受けた事項についての請負事業者の実施についての管理
④ 請負事業者がその労働者の作業の実施に関し作成する計画について特定元方事業者の作成した計画との整合性の確保を図るための統括安全衛生責任者との調整
⑤ 混在作業における労働災害についての危険の有無の確認
⑥ 仕事の一部を他に再下請負させている場合における、後次の請負事業者の安全衛生責任者との作業間の連絡および調整

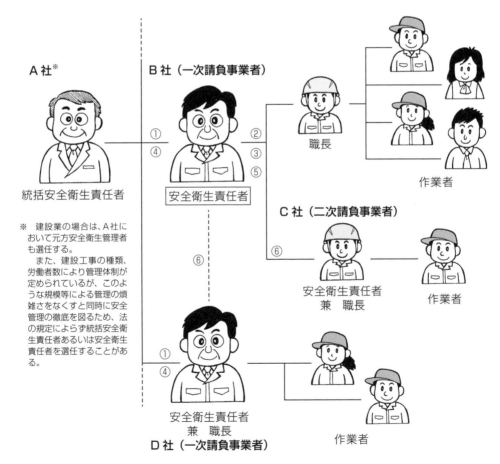

図 1 造船工場における安全衛生責任者の配置例
（事業場全体の労働者数が常時 50 人以上の場合）

（2）安全施工サイクルと安全衛生責任者の職務

　統括管理では、日次、週次、月次の工程調整会議やパトロールが「安全施工サイクル」として行われており、安全衛生責任者はこれらの会議やパトロールに参加して、（1）①～⑥の連絡調整や実施状況の確認などを行う。

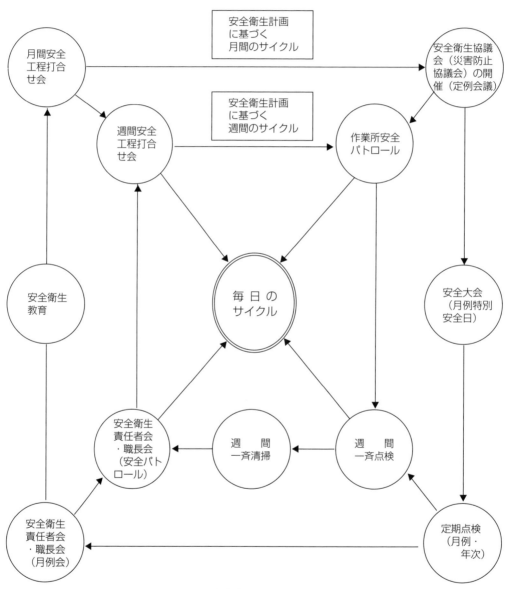

図2　安全施工サイクル（例）

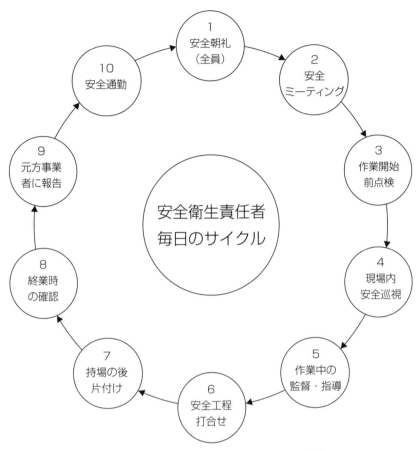

図3　安全衛生責任者の毎日のサイクル（例）

4 安全衛生責任者の職務における留意点

　統括管理が必要な建設工事現場や造船工場等、同一の場所で「混在作業」を安全に行うために、安全衛生責任者はその職務において下記の事項に留意する。

① 統括安全衛生責任者との連絡

　「統括安全衛生責任者」は、混在作業による労働災害を防止するため、元方事業者と関係請負人、関係請負人相互における連絡および調整等を統括管理する。安全衛生責任者は、統括安全衛生責任者に対して自社で行う作業に関する事項を報告・連絡し、統括安全衛生責任者から指示を受ける等、意思疎通を図ること。

② 統括安全衛生責任者から連絡を受けた事項の関係者への連絡

　　元方事業者と関係請負人が協議を行う場（災害防止協議会、安全衛生協議会等）が
設置され、定期的に開催されるほか、作業中は毎日の連絡調整会議等が開催される。
安全衛生責任者は、この協議会や連絡調整会議等で指示事項などがあれば、実施方法
等を決めたうえ、自社の作業者に周知する。

③ 統括安全衛生責任者から連絡を受けた事項の実施についての管理

　　協議会や連絡調整会議等での指示事項が確実に実施されているかを職場巡視等で確
認する。

④ 自社の作業の実施に関し作成する計画について特定元方事業者の作成した計画との
整合性の確保を図るための統括安全衛生責任者との調整

　　安全衛生責任者は、作業計画を作成する際には自社の作業者の意見を聴取するほ
か、混在作業下での安全確保のため、統括安全衛生責任者と調整して作成する。

⑤ 混在作業における労働災害についての危険の有無の確認

　　自社以外の作業による危険の有無（クレーン作業、火気使用、上下作業、耐圧試
験、通行止め、立入禁止場所等）を連絡調整会議等で確認し、作業者に周知する。混
在作業下では、他の安全衛生責任者と作業間の連絡および調整を行う。

⑥ 仕事の一部を他に再下請負させている場合における、後次の請負事業者の安全衛生
責任者との作業間の連絡および調整

　　請負関係が重層的になっている場合には、作業間の連絡および調整は、統括安全衛
生責任者と安全衛生責任者との間で行うだけでなく、それぞれの請負系列において先
次の請負事業者と後次の請負事業者との間でも十分に連絡・調整を行う。

以上の内容を踏まえ、安全衛生責任者の位置づけを図示すると、以下のようになる。

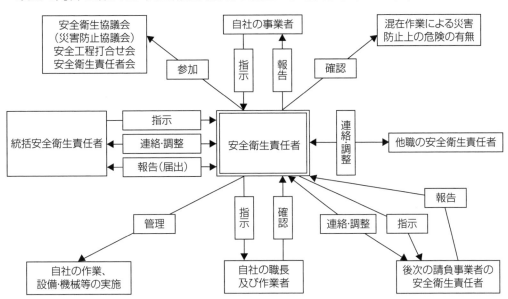

図4　安全衛生責任者の位置づけ

5 安全衛生責任者と職長の違い

　安全衛生責任者には、統括管理が行われている建設工事現場あるいは造船工場で当該事業者の事業主に代わって安全衛生管理を行う重要な責務が科せられている。（安衛則第19条）

　一方、職長は、あるグループ内で作業者を直接、指導・監督する者であり、自らが担当する工事（作業）の安全・品質・工程・原価等の管理責任を負うが、当該事業者の安全衛生管理についての法的責任は定められていない。当然、職長等の安全衛生教育に加えて安全衛生責任者教育の科目を受講し、双方の能力を有していれば両者を兼ねることは何ら差し支えなく、建設工事現場では兼ねることが多い。

　両者の職務を比較すると、次の表のようになる。

表1　安全衛生責任者と職長の比較

	安全衛生責任者	職　長
現 場 常 駐 者	●1名のみ	●1名以上（複数いる）
教育すべき根拠	●通達 H12.3.28 基発第179号	●安衛法第60条
位 置 づ け	●管理者	●職長、現場監督者等
主 な 業 務	●対外的な連絡、調整等	●自社の作業指揮、監督
相 手 方	●元方＋自社＋他社 ●自社下請け業者	●自社のライン（作業者） ●自社の管理者、事業者

参考別表-1（1/4）　日本標準産業分類からみた事業区分　大分類【Ｅ−製造業】

出典：総務省 日本標準産業分類（令和5年7月27日改定、令和6年4月1日施行）

中分類	小分類
食料品製造業〔09〕	畜産食料品製造業〔091〕 水産食料品製造業〔092〕 野菜缶詰・果実缶詰・農産保存食料品製造業〔093〕 調味料製造業〔094〕 砂糖・でんぷん糖類製造業〔095〕 精穀・製粉業〔096〕 パン・菓子製造業〔097〕 動植物油脂製造業〔098〕 その他の食料品製造業〔099〕
飲料・たばこ・飼料製造業〔10〕	清涼飲料製造業〔101〕 酒類製造業〔102〕 茶・コーヒー製造業（清涼飲料を除く）〔103〕 製氷業〔104〕 たばこ製造業〔105〕 飼料・有機質肥料製造業〔106〕
繊維工業〔11〕	製糸業、紡績業、化学繊維・ねん糸等製造業〔111〕 織物業〔112〕 ニット生地製造業〔113〕 染色整理業〔114〕 綱・網・レース・繊維粗製品製造業〔115〕 外衣・シャツ製造業（和式を除く）〔116〕 下着類製造業〔117〕 和装製品・その他の衣服・繊維製身の回り品製造業〔118〕 その他の繊維製品製造業〔119〕
木材・木製品製造業（家具を除く）〔12〕	製材業、木製品製造業〔121〕 造作材・合板・建築用組立材料製造業〔122〕 木製容器製造業（竹、とうを含む）〔123〕 その他の木製品製造業（竹、とうを含む）〔129〕
家具・装備品製造業〔13〕	家具製造業〔131〕 宗教用具製造業〔132〕 建具製造業〔133〕 その他の家具・装備品製造業〔139〕
パルプ・紙・紙加工品製造業〔14〕	パルプ製造業〔141〕 紙製造業〔142〕 加工紙製造業〔143〕 紙製品製造業〔144〕 紙製容器製造業〔145〕 その他のパルプ・紙・紙加工品製造業〔149〕

参考別表-1（2/4）　日本標準産業分類からみた事業区分　大分類【E－製造業】（続き）

中分類	小分類
印刷・同関連業〔15〕	印刷業〔151〕 製版業〔152〕 製本業、印刷物加工業〔153〕 印刷関連サービス業〔159〕
化学工業〔16〕	化学肥料製造業〔161〕 無機化学工業製品製造業〔162〕 有機化学工業製品製造業〔163〕 油脂加工製品・石けん・合成洗剤・界面活性剤・塗料製造業〔164〕 医薬品製造業〔165〕 化粧品・歯磨・その他の化粧用調整品製造業〔166〕 その他の化学工業〔169〕
石油製品・石炭製品製造業〔17〕	石油精製業〔171〕 潤滑油・グリース製造業（石油精製によらないもの）〔172〕 コークス製造業〔173〕 舗装材料製造業〔174〕 その他の石油製品・石炭製品製造業〔179〕
プラスチック製品製造業（別掲を除く）※〔18〕	プラスチック板・棒・管・継手・異形押出製品製造業〔181〕 プラスチックフィルム・シート・床材・合成皮革製造業〔182〕 工業用プラスチック製品製造業〔183〕 発泡・強化プラスチック製品製造業〔184〕 プラスチック成形材料製造業（廃プラスチックを含む）〔185〕 その他のプラスチック製品製造業〔189〕
ゴム製品製造業〔19〕	タイヤ・チューブ製造業〔191〕 ゴム製・プラスチック製履物・同附属品製造業〔192〕 ゴムベルト・ゴムホース・工業用ゴム製品製造業〔193〕 その他のゴム製品製造業〔199〕
なめし革・同製品・毛皮製造業〔20〕	なめし革製造業〔201〕 工業用革製品製造業（手袋を除く）〔202〕 革製履物用材料・同附属品製造業〔203〕 革製履物製造業〔204〕 革製手袋製造業〔205〕 かばん製造業〔206〕 袋物製造業〔207〕 毛皮製造業〔208〕 その他のなめし革製品製造業〔209〕

※編注：別掲は略

参考別表 -1（3/4） 日本標準産業分類からみた事業区分　大分類【E －製造業】（続き）

中分類	小分類
窯業・土石製品製造業〔21〕	ガラス・同製品製造業〔211〕 セメント・同製品製造業〔212〕 建設用粘土製品製造業（陶磁器製を除く）〔213〕 陶磁器・同関連製品製造業〔214〕 耐火物製造業〔215〕 炭素・黒鉛製品製造業〔216〕 研磨材・同製品製造業〔217〕 骨材・石工品等製造業〔218〕 その他の窯業・土石製品製造業〔219〕
鉄鋼業〔22〕	製鉄業〔221〕 製鋼・製鋼圧延業〔222〕 製鋼を行わない鋼材製造業（表面処理鋼材を除く）〔223〕 表面処理鋼材製造業〔224〕 鉄素形材製造業〔225〕 その他の鉄鋼業〔229〕
非鉄金属製造業〔23〕	非鉄金属第 1 次製錬・精製業〔231〕 非鉄金属第 2 次製錬・精製業（非鉄金属合金製造業を含む）〔232〕 非鉄金属・同合金圧延業（抽伸、押出しを含む）〔233〕 電線・ケーブル製造業〔234〕 非鉄金属素形材製造業〔235〕 その他の非鉄金属製造業〔239〕
金属製品製造業〔24〕	ブリキ缶・その他のめっき板等製品製造業〔241〕 洋食器・刃物・手道具・金物類製造業〔242〕 暖房・調理等装置、配管工事用附属品製造業〔243〕 建設用・建築用金属製品製造業（製缶板金業を含む）〔244〕 金属素形材製品製造業〔245〕 金属被覆・彫刻業、熱処理業（ほうろう鉄器を除く）〔246〕 金属線製品製造業（ねじ類を除く）〔247〕 ボルト・ナット・リベット・小ねじ・木ねじ等製造業〔248〕 その他の金属製品製造業〔249〕
はん用機械器具製造業〔25〕	ボイラ・原動機製造業〔251〕 ポンプ・圧縮機器製造業〔252〕 一般産業用機械・装置製造業〔253〕 その他のはん用機械・同部分品製造業〔259〕
生産用機械器具製造業〔26〕	農業用機械製造業（農業用器具を除く）〔261〕 建設機械・鉱山機械製造業〔262〕 繊維機械製造業〔263〕 生活関連産業用機械製造業〔264〕 基礎素材産業用機械製造業〔265〕 金属加工機械製造業〔266〕 半導体・フラットパネルディスプレイ製造装置製造業〔267〕 その他の生産用機械・同部分品製造業〔269〕

参考別表 -1（4/4）　日本標準産業分類からみた事業区分　大分類【E － 製造業】（続き）

中分類	小分類
業務用機械器具製造業〔27〕	事務用機械器具製造業〔271〕 サービス用・娯楽用機械器具製造業〔272〕 計量器・測定器・分析機器・試験機・測量機械器具・理化学機械器具製造業〔273〕 医療用機械器具・医療用品製造業〔274〕 光学機械器具・レンズ製造業〔275〕 武器製造業〔276〕
電子部品・デバイス・電子回路製造業〔28〕	電子デバイス製造業〔281〕 電子部品製造業〔282〕 記録メディア製造業〔283〕 電子回路製造業〔284〕 ユニット部品製造業〔285〕 その他の電子部品・デバイス・電子回路製造業〔289〕
電気機械器具製造業〔29〕	発電用・送電用・配電用電気機械器具製造業〔291〕 産業用電気機械器具製造業〔292〕 民生用電気機械器具製造業〔293〕 電球・電気照明器具製造業〔294〕 電池製造業〔295〕 電子応用装置製造業〔296〕 電気計測器製造業〔297〕 その他の電気機械器具製造業〔299〕
情報通信機械器具製造業〔30〕	通信機械器具・同関連機械器具製造業〔301〕 映像・音響機械器具製造業〔302〕 電子計算機・同附属装置製造業〔303〕
輸送用機械器具製造業〔31〕	自動車・同附属品製造業〔311〕 鉄道車両・同部分品製造業〔312〕 船舶製造・修理業、舶用機関製造業〔313〕 航空機・同附属品製造業〔314〕 産業用運搬車両・同部分品・附属品製造業〔315〕 その他の輸送用機械器具製造業〔319〕
その他の製造業〔32〕	貴金属・宝石製品製造業〔321〕 装身具・装飾品・ボタン・同関連品製造業（貴金属・宝石製を除く）〔322〕 時計・同部分品製造業〔323〕 楽器製造業〔324〕 がん具・運動用具製造業〔325〕 ペン・鉛筆・絵画用品・その他の事務用品製造業〔326〕 漆器製造業〔327〕 畳等生活雑貨製品製造業〔328〕 他に分類されない製造業〔329〕

参考別表 -2　さまざまな危険源（ISO12100　付属書 B.1 および B.2 より）

No.	危険源の種類	小分類
1	機械的な危険源	・形状、位置、重力、質量／速度の運動エネルギ、機械強度不足 ・弾性要素、加圧下の液体／気体、真空効果の蓄積エネルギ ・押しつぶし、せん断、切傷／切断、巻込み、引込み／捕捉、衝撃、突刺し、擦過／こすれ、高圧流体の注入／噴出
2	電気的な危険源	充電部への直接／間接接触、高圧充電部への接近、静電気、短絡／過負荷による熱放射、溶融物の放出
3	熱的な危険源	高温／極低温体・材料への接触による火傷／熱傷、高／低温環境による健康被害
4	騒音による危険源	過大な音源による聴力喪失、平衡感覚喪、口頭伝達／音響信号の障害
5	振動による危険源	振動工具などによる血管障害、劣悪な姿勢での全身振動
6	放射による危険源	低周波、マイクロ波、電磁波、紫外線、ガンマ線、X線、レーザ光、α波／β波／電磁ビーム、中性子線
7	材料／物質の危険源	機械で処理・加工・排出される有害性液体／気体への接触による障害、危険物の火災／爆発、ウイルス、微生物などの病原体による疾病
8	人間工学無視の危険源	無理な姿勢、照度の過不足、精神的なストレスなど人にエラーを誘発させる機器／環境的な要素、手動制御器、表示器の不適切な設計・配置
9	機械の使用環境の危険源	塵／ミスト、電磁妨害、雷、温度、汚染、雪、温度、水、風による
10	組合せの危険源	上記危険源の組合せ

参考別表 -3（1/2） 事故の型と起因物の分類

1. 事故の型、起因物の分類

事故の型	起因物		
	大分類	中分類	
墜落、転落	動力機械	原動機	
転倒		動力伝導機構	
激突		木材加工用機械	
飛来、落下		建設機械等	
崩壊、倒壊		金属加工用機械	
激突され		一般動力機械	
はさまれ、巻き込まれ		車両系木材伐出機械等	
切れ、こすれ	物上げ装置、運搬機械	動力クレーン等	
踏み抜き		動力運搬機	
おぼれ		乗物	
高温・低温の物との接触	その他の装置等	圧力容器	
有害物等との接触		化学設備	
感電		溶接装置	
爆発		炉窯等	
破裂		電気設備	
火災		人力機械工具等	
交通事故（道路）		用具	
交通事故（その他）		その他の装置、設備	
動作の反動、無理な動作	仮設物、建築物、構築物等	仮設物、建築物、構築物等	
その他	物質、材料	危険物、有害物等	
分類不能		材料	
	荷	荷	
	環境等	環境等	
	その他	その他の起因物	
		起因物なし	
		分類不能	

（中央労働災害防止協会編『労働災害分類の手引き─統計処理のための原因要素分析─』より作成）

参考別表 -3（2/2） 事故の型と起因物の分類（続き）

2．事故の型の説明

分類項目	説　　　明
墜落、転落	・人が樹木、建築物、足場、機械、乗物、はしご、階段、斜面等から落ちることをいう。 ・乗っていた場所がくずれ、動揺して墜落した場合、砂ビン等による蟻地獄の場合を含む。車両系機械などとともに転落した場合を含む。交通事故は除く。感電して墜落した場合には感電に分類する。
転倒	・人がほぼ同一平面上でころぶ場合をいい、つまずきまたはすべりにより倒れた場合等をいう。 ・車両系機械などとともに転倒した場合を含む。交通事故は除く。感電して倒れた場合には感電に分類する。
激突	・墜落、転落および転倒を除き、人が主体となって静止物または動いている物にあたった場合をいい、つり荷、機械の部分等に人からぶつかった場合、飛び降りた場合等をいう。 ・車両系機械などとともに激突した場合を含む。交通事故は除く。
飛来、落下	・飛んでくる物、落ちてくる物等が主体となって人にあたった場合をいう。 ・研削といしの破裂、切断片、切削粉等の飛来、その他自分が持っていた物を足の上に落とした場合を含む。容器等の破裂によるものは破裂に分類する。
崩壊、倒壊	・堆積した物（はい等も含む）、足場、建築物等がくずれ落ちまたは倒壊して人にあたった場合をいう。 ・立てかけてあった物が倒れた場合、落盤、なだれ、地すべり等の場合を含む。
激突され	・飛来、落下、崩壊、倒壊を除き、物が主体となって人にあたった場合をいう。 ・つり荷、動いている機械の部分などがあたった場合を含む。交通事故は除く。
はさまれ、巻き込まれ	・物にはさまれる状態および巻き込まれる状態でつぶされ、ねじられる等をいう。 ・プレスの金型、鍛造機のハンマ等による挫滅創等はここに分類する。ひかれて巻き込まれる場合を含む。交通事故は除く。
切れ、こすれ	・こすられる場合、こすられる状態で切られた場合等をいう。 ・刃物による切れ、工具取扱中の物体による切れ、こすれ等を含む。
踏み抜き	・くぎ、金属片等を踏み抜いた場合をいう。 ・床、スレート等を踏み抜いたものを含む。踏み抜いて墜落した場合は墜落に分類する。
おぼれ	・水中に墜落しておぼれた場合を含む。
高温・低温の物との接触	・高温または低温の物との接触をいう。 ・高温または低温の環境下にばく露された場合を含む。 ［高温の場合］火炎、アーク、溶融状態の金属、湯、水蒸気等に接触した場合をいう。炉前作業の熱中症等高温環境下にばく露された場合を含む。 ［低温の場合］冷凍庫内等低温の環境下にばく露された場合を含む。
有害物等との接触	・放射線による被ばく、有害光線による障害、一酸化炭素中毒、酸素欠乏症ならびに高気圧、低気圧等有害環境下にばく露された場合を含む。

感電	・帯電体にふれ、または放電により人が衝撃を受けた場合をいう。 ［起因物との関係］金属製カバー、金属材料等を媒体として感電した場合の起因物は、これらが接触した当該設備、機械装置に分類する。
爆発	・圧力の急激な発生または解放の結果として、爆音をともなう膨張等が起こる場合をいう。 ・破裂を除く。水蒸気爆発を含む。容器、装置等の内部で爆発した場合は、容器、装置等が破裂した場合であってもここに分類する。 ［起因物との関係］容器、装置等の内部で爆発した場合の起因物は、当該容器、装置等に分類する。容器、装置等から内容物が取り出されまたは漏えいした状態で当該物質が爆発した場合の起因物は、当該容器、装置に分類せず、当該内容物に分類する。
破裂	・容器、または装置が物理的な圧力によって破裂した場合をいう。 ・圧かいを含む。研削といしの破裂等機械的な破裂は飛来落下に分類する。 ［起因物との関係］起因物としてはボイラー、圧力容器、ボンベ、化学設備等がある。
火災	［起因物との関係］危険物の火災においては危険物を起因物とし、危険物以外の場合においては火源となったものを起因物とする。
交通事故（道路）	・交通事故のうち道路交通法適用の場合をいう。
交通事故（その他）	・交通事故のうち、船舶、航空機および公共輸送用の列車、電車等による事故をいう。 ・公共輸送用の列車、電車等を除き事業場構内における交通事故はそれぞれ該当項目に分類する。
動作の反動、無理な動作	・上記に分類されない場合であって、重い物を持ち上げて腰をぎっくりさせたというように身体の動き、不自然な姿勢、動作の反動などが起因して、すじをちがえる、くじき、ぎっくり腰およびこれに類似した状態になる場合をいう。 ・バランスを失って墜落、重い物を持ちすぎて転倒等の場合は無理な動作等が関係したものであっても、墜落、転倒等に分類する。
その他	・上記のいずれにも分類されない傷の化膿、破傷風等をいう。
分類不能	・分類する判断資料に欠け、分類困難な場合をいう。

（中央労働災害防止協会編『労働災害分類の手引き―統計処理のための原因要素分析―』より作成）

基発 0331 第 7 号
令和 2 年 3 月 31 日

都道府県労働局長　殿

厚生労働省労働基準局長
（　公　印　省　略　）

製造業における職長等に対する能力向上教育に準じた教育について

　作業中の労働者を直接指導又は監督する者（作業主任者を除く。以下「職長等」という。）に対する労働安全衛生法（昭和 47 年法律第 57 号）第 19 条の 2 第 1 項に規定する教育等（以下「能力向上教育」という。）に準じた教育については、「安全衛生教育の推進について」（平成 3 年 1 月 21 日付け基発第 39 号労働省労働基準局長通知）別紙「安全衛生教育推進要綱」（以下「推進要綱」という。）の 3 の（4）及び別表の 2（3）において、事業者が実施すべきものとして示しているところである。

　製造業における労働災害防止を推進する上で、職長等の果たすべき役割は非常に重要であることから、今般、推進要綱を踏まえ、製造業における職長等に対する能力向上教育に準じた教育（以下「職長等能力向上教育」という。）の詳細について下記のとおりとするので、了知するとともに、当該職長等能力向上教育を実施する事業者及び安全衛生関係団体等に対して必要な指導及び援助を行うよう努められたい。

　なお、製造業関係団体、安全衛生関係団体等あて別紙（編注：略）のとおり通知したので、併せて了知されたい。

記

1　製造業に係る事業者は、職長等に対し、新たにその職務に就くこととなった後おおむね 5 年ごと及び機械設備等を大幅に変更した時に、職長等能力向上教育を行うものとすること。

2　職長等能力向上教育の実施に際しては、教育目標を定めた上で、別表に示す要件を満たすカリキュラム（以下「実行カリキュラム」という。）を以下の（1）及び（2）

に留意して策定すること。実行カリキュラムの合計時間は360分以上とすること。

(1) 別表に掲げる科目のうち「職長等として行うべき労働災害防止及び労働者に対する指導又は監督の方法に関すること」の範囲及び時間について

　実行カリキュラムにおいては、当該科目における範囲「1　基本項目」の時間を120分以上とすること。また、必要に応じて、当該科目における範囲「2　専門項目」から教育目標に沿った項目を選択し、実施すること。

(2) 別表に掲げる科目のうち「グループ演習」の範囲及び時間について

　実行カリキュラムにおいては、当該科目について、(1) の科目に係る範囲のうち「2　専門項目」から選択している場合に限り、この「2　専門項目」に関連する項目を選択し、120分以上行うこと。

3　安全衛生団体等が職長等能力向上教育を実施する場合は、以下の (1) ～ (3) に掲げる者の中から講師を充てること。ただし、2 (1) の科目に係る範囲のうち「2　専門項目」を選択する場合においては、当該「2　専門項目」に係る職長等能力向上教育については、(4) に掲げる者を講師として充てること。

　なお、事業者が職長等能力向上教育を実施する場合についても、同様の取扱いとすることが望ましいこと。

(1)「職長等教育講師養成講座及び職長・安全衛生責任者教育講師養成講座について」（平成13年3月26日付け基発第177号厚生労働省労働基準局長通知。以下「第177号通達」という。）による職長等教育講師養成講座又は職長・安全衛生責任者教育講師養成講座を修了した者

(2)「建設業における安全衛生責任者に対する教育及び職長等教育講師養成講座等のカリキュラムの改正について」（平成18年5月12日付け基発第0512004号厚生労働省労働基準局長通知）による改正前の第177号通達（以下「旧第177号通達」という。）による職長等教育講師養成講座を修了した者（旧第177号通達の記の3により所定の科目を受講した者を含む。）であって、第177号通達の別紙1の表の左欄に掲げる科目4のうち「(1) 危険性又は有害性等の調査の方法」及び「(2) 危険性又は有害性等の調査の結果に基づき講ずる措置」に相当する項目を受講した者又は旧第177号通達による職長・安全衛生責任者教育講師養成講座を修了した者（旧第177号通達の記の3により所定の科目を受講した者を含む。）であって、第177号通達の別紙2の表の左欄に掲げる科目4のうち「(1) 危険性又は有害性等の調査の方法」及び「(2) 危険性又は有害性等の調査の結果に基づき講ずる措置」に相当する項目を受講した者

（3）上記（1）又は（2）に掲げる者と同等以上の知識及び経験を有すると認められる者

（4）労働安全コンサルタント、労働衛生コンサルタント、労働災害防止団体法（昭和39年法律第118号）第12条第1項に規定する安全管理士及び衛生管理士等、2（1）の科目に係る範囲のうち「2　専門項目」に係る項目について十分な専門的知識及び経験を有すると認められる者

4　安全衛生団体等が職長等能力向上教育を実施する場合にあっては、当該職長等能力向上教育の一回当たりの受講者は50人以下とすること。また、科目「グループ演習」は、受講者をそれぞれ10人以下のグループに分けて実施すること。

5　安全衛生団体等が職長等能力向上教育を実施した場合には、当該職長等能力向上教育の修了者に対してその修了を証する書面を交付するとともに、教育修了者名簿を作成して、これを実行カリキュラムと合わせて3年間以上保管すること。

　なお、事業者が職長等能力向上教育を実施した場合についても、同様に記録を作成し、保管することが望ましいこと。

（別表）

実行カリキュラムの要件

科　目	範　囲	時間
職長等として行うべき労働災害防止及び労働者に対する指導又は監督の方法に関すること	1　基本項目（必須） (1)　職長等の役割と職務 (2)　製造業における労働災害の動向 (3)　「リスク」の基本的考え方を踏まえた職長等として行うべき労働災害防止活動 (4)　危険性又は有害性等の調査及びその結果に基づき講ずる措置 (5)　異常時等における措置 (6)　部下に対する指導力の向上（リーダーシップなど） (7)　関係法令に係る改正の動向	120分以上
	2　専門項目（選択） (1)　事業場における安全衛生活動 (2)　労働安全衛生マネジメントシステムの仕組み (3)　部下に対する指導力の向上（コーチング、確認会話など）	必要な時間
グループ演習	以下の項目のうち1以上について実施すること。 ・　職長等の職務を行うに当たっての課題 ・　事業場における安全衛生活動（危険予知訓練など） ・　危険性又は有害性等の調査及びその結果に基づき講ずる措置 ・　部下に対する指導力の向上（リーダーシップ、確認会話など）	120分以上
合　　計		360分以上

基安安発 0331 第 1 号
令和 2 年 3 月 31 日

都道府県労働局労働基準部長　殿

厚生労働省労働基準局
安全衛生部安全課長
（ 契 印 省 略 ）

製造業における職長等に対する能力向上教育に準じた教育の周知等について

　製造業における職長等に対する能力向上教育に準じた教育については、令和 2 年 3 月 31 日付け基発 0331 第 7 号「製造業における職長等に対する能力向上教育に準じた教育について」（以下「教育通達」という。）により示されたところであるが、その実施については、下記によることとするので、遺漏なきを期されたい。

記

1　本教育の周知について
　管内において、製造業における職長等及び安全衛生責任者を対象とする能力向上のための教育を既に実施している、又は今後実施することが想定される安全衛生団体、事業者団体その他周知が必要と考えられる団体に対し、教育通達の別紙及び本通達を文書により送付する等により周知を図ること。
　また、局署における各種の事業者説明等の機会を活用して、教育通達の別表及び本通達を配布・説明を行うこと等により、事業者に対して周知を図ること。

2　実行カリキュラムについて
　製造業における職長等の位置づけ及び求められる能力等は、その業種、事業規模によって多様であるため、一つのカリキュラムとするのではなく、教育目標に応じて様々なカリキュラムを組めるものとしたこと。併せて製造業における職長の能力向上教育に準じた教育として必要となる要件を示し、本教育を実施する者はこの要件を満たす実行カリキュラムを策定することとしたこと。

3　講師の要件について

　　教育通達の記の3（4）における「2　専門科目」に係る項目について十分な専門的
　知識及び経験を有すると認められる者には、当該専門分野に関する資格を有する者の
　ほか、当該専門分野についての研修（1日以上の教育期間を有するものに限る。）を
　修了した者があること。

4　その他

　　製造業における職長等の位置づけ及び求められる能力等については、中央労働災害
　防止協会が取りまとめた「製造業における現場力向上のための職長のレベルアップに
　向けて」を参考とされたい。

職長の能力向上教育の「実行カリキュラム」の具体例

（中災防「製造業における現場力向上のための職長のレベルアップに向けて」より。一部改変）

Ⅰ　講義の「1　基本項目（必須）」の時間配分の具体例

項　目　名	時間配分
（1）職長の役割と職務	15分
（2）製造業における労働災害の動向	10分
（3）「リスク」の基本的考え方を踏まえた職長として行うべき労働災害防止活動	25分
（4）危険性又は有害性等の調査及びその結果に基づき講ずる措置	25分
（5）異常時等における措置	10分
（6）部下に対する指導力の向上（リーダーシップなど）	25分
（7）関係法令に係る改正の動向	10分
合　　計	120分

Ⅱ　実行カリキュラムの時間配分の具体例

1　講義重点型

項　目　名	時間配分
職長として行う労働災害防止及び労働者に対する指導又は監督の方法に関すること 　1　基本項目（必須） 　2　専門項目（選択）	240分 （120分） （120分）
グループ演習	120分
合　　計	360分

2　グループ演習重点型

項　目　名	時間配分
職長として行う労働災害防止及び労働者に対する指導又は監督の方法に関すること 　1　基本項目（必須） 　2　専門項目（選択）	120分 （120分） （0分）
グループ演習	240分
合　　計	360分

3　講義・グループ演習の均等配分型

項　目　名	時間配分
職長として行う労働災害防止及び労働者に対する指導又は監督の方法に関すること 　1　基本項目（必須） 　2　専門項目（選択）	180分 （120分） （60分）
グループ演習	180分
合　　計	360分

Ⅲ　実行カリキュラムの具体例

1－1　リスクアセスメント（基礎）コース^{（注1）}

【教育目標】：リスクアセスメントに参画して、職場にひそむ「危険源」を漏れな
く洗い出すとともに、作業ルールの設定とその確実な順守を促すこ
とにより、残留リスクによる労働災害を防止できる職長を育てる。

科　目	範　囲	時　間
職長として行うべき労働災害防止及び労働者に対する指導又は監督の方法に関すること	1　基本項目（必須） 2　専門項目（選択）^{（注2）} 　・リスクアセスメントの基礎 　・化学物質の管理とリスクアセスメント	120分 120分 （90分） （30分）
グループ演習	・危険性又は有害性等又は有害性等の調査及びその結果に基づき講ずる措置	120分
合　計		360分

（注1）2006年（平成18年）3月以前に就任した職長については、就任時の安全衛生教育の内容として、
リスクアセスメントが含まれていないため、能力向上教育の実施に当たっては、専門項目（選択）とし
て、リスクアセスメントについての基本的な教育を行うことが望ましい。
（注2）専門項目（選択）として、「（1）事業場における安全衛生活動」の中の「その他の事業場における安全
衛生活動」および「化学物質の管理とリスクアセスメント」を選択し、標記の内容で実施。

1－2　リスクアセスメント（労働安全衛生マネジメントシステム）コース

【教育目標】：労働安全衛生マネジメントシステムを導入・実施するに当たって、
生産現場においてマネジメントシステムを円滑に推進することがで
きる職長を育てる。

科　目	範　囲	時　間
職長として行うべき労働災害防止及び労働者に対する指導又は監督の方法に関すること	1　基本項目（必須） 2　専門項目（選択）^{（注1）} 　・労働安全衛生マネジメントシステムの仕組み 　・リスクアセスメントの基礎	120分 150分 （60分） （90分）
グループ演習	・危険性又は有害性等又は有害性等の調査及びその結果に基づき講ずる措置	120分
合　計		420分

（注1）専門項目（選択）として、「（2）労働安全衛生マネジメントシステムの仕組み」及び「（1）事業場における
安全衛生活動」の中の「その他の事業場における安全衛生活動」を選択し、表記の内容で実施。

2　部下に対する指導力向上コース

【教育目標】：部下に対する指導力のレベルアップを図ることにより、部下の安全
を確保するための的確な指導を行うことができる職長を育てる。

科　目	範　囲	時　間
職長として行うべき労働災害防止及び労働者に対する指導又は監督の方法に関すること	1　基本項目（必須） 2　専門項目（選択）^(注1) ・部下に対する指導力の向上（コーチング、確認会話など）	120分 60分 （60分）
グループ演習	・リーダーシップ ・確認会話	90分 90分
合　　計		360分

（注1）専門項目（選択）として、「(3) 部下に対する指導力の向上（コーチング、確認会話など）」を選択。

3　労働災害防止活動コース

【教育目標】：生産現場における労働災害防止活動を中核となって推進することのできる職長を育てる。

科　目	範　囲	時　間
職長として行うべき労働災害防止及び労働者に対する指導又は監督の方法に関すること	1　基本項目（必須） 2　専門項目（選択）^(注1) ・安全衛生実行計画の作成・実施 ・職場巡視 ・危険予知訓練（KYT） ・ヒヤリ・ハット活動 ・4S（5S）活動	120分 120分 （30分） （20分） （30分） （20分） （20分）
グループ演習	・職長の職務を行うに当たっての課題 ・安全衛生実行計画の作成・実施^(注2)	90分 90分
合　　計		420分

（注1）専門項目（選択）として、「(1) 事業場における安全衛生活動」を選択し、標記の内容で実施
（注2）グループ演習として、「事業場における安全衛生活動（危険予知訓練など）」を選択し、具体的な演習課題として「安全衛生実行計画の作成・実施」を設定。※本テキスト未収録

4　危険予知訓練コース

【教育目標】：生産現場における危険の芽を摘む危険予知（KY）活動を中心となって推進することのできる職長を育てる。

科　目	範　囲	時　間
職長として行うべき労働災害防止及び労働者に対する指導又は監督の方法に関すること	1　基本項目（必須） 2　専門項目（選択）^(注1) ・危険予知訓練（基礎4ラウンド法、ワンポイントKY等）	120分 90分 （90分）
グループ演習	・危険予知訓練（基礎4ラウンド法、ワンポイントKY等）^(注2)	90分 90分
合　　計		420分

（注1）専門項目（選択）として、「(1) 事業場における安全衛生活動」の中の「危険予知訓練」を選択し、具体的な内容として表記の通り設定。※ワンポイントKYは、テキスト未収録
（注2）グループ演習として、「事業場における安全衛生活動（危険予知訓練など）」を選択し、具体的な演習課題として表記のとおり設定。※ワンポイントKYは、本テキスト未収録

【参考となるテキスト等】

第1編第2部（専門項目（選択））などの詳細については、必要に応じ、以下のテキスト・図書（中災防発行）も参照してください。

・『危険予知活動トレーナー必携』

・『リスクアセスメント担当者の実務』

・『こう変わる！ 化学物質管理』

・『新版 化学の基礎から学ぶ やさしい化学物質のリスクアセスメント』

・『現場に役立つ！ ラベル・SDS の読み方・活かし方』

・『機械包括安全指針に沿った機械設備安全化の進め方』

・『事業場内メンタルヘルス推進担当者 必携』

・『こころのリスクマネジメント＜管理監督者向け＞』

・『こころのリスクマネジメント＜勤労者向け＞』

・『部下の職場復帰を円滑に〜上司のメンタルヘルスサポート〜』

・『厚生労働省指針に対応した労働安全衛生マネジメントシステム システム担当者の実務』

・『厚生労働省指針に対応した労働安全衛生マネジメントシステム システム監査担当者の実務』

・『これだけでわかる ISO45001　導入から実践までのポイント』

・『図解 はじめての ISO45001　労働安全衛生マネジメントシステム規格』

・『災害ゼロを目指す 実践 現場リーダーのためのコーチングガイド』

職長の能力向上教育テキスト
―製造業における職長等に対する能力向上教育に準じた教育用―

令和2年5月15日　第1版第1刷発行
令和6年7月5日　第2版第1刷発行

編　　　　者	中央労働災害防止協会	
発　行　者	平山　剛	
発　行　所	中央労働災害防止協会	
	〒108-0023	
	東京都港区芝浦3丁目17番12号	
	吾妻ビル9階	
	電話　販売　03(3452)6401	
	編集　03(3452)6209	
印刷・製本	文唱堂印刷㈱	